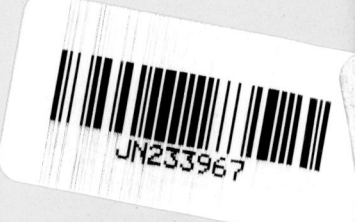

愛してます♥
ずっと一緒にいようね
恋愛成就
合格祈願
必勝祈願
金運祈願
安産祈願
家庭円満
転職成就
交通安全

TOMPA!!

トンパ!!

トンパであそぼう会 編

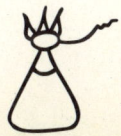

パーソナルメディア

はじめに

世界最後の象形文字、トンパ（TOMPA）の世界へようこそ！

トンパ（TOMPA）という言葉を耳にしたことがありますか？

トンパとは現在も生きている象形文字なんです。中国の奥地でひっそりと使われてきたトンパ文字が、今日本で脚光を浴びています。そのトンパ文字を思いっきり楽しんじゃおう！　というのがこの本のテーマです。

もちろん、長い歴史の中で使われ続けてきた象形文字なので、文字の一つ一つに深い意味がこめられています。でも、この本では細かいことは気にしない！　シンプルで愛嬌のある形をしていて、マンガのように読めてしまうおもしろさに注目しました。

トンパ文字の特徴は、読む人によってそれぞれの解釈ができるということ。あなたのアイディア次第で、もっともっと楽しくてかわいいトンパ文字や文章が作れちゃうのです。

それでは、さっそくトンパであそんでみましょう！！

もくじ

TOMPAってなに？

トンパ（東巴）文字は、中国雲南省のナシ（納西）族のあいだで約1000年前から使われ続けている、世界唯一の生きている象形文字です。象形文字といえば、漢字の祖先の甲骨文字や、古代エジプトのヒエログリフが有名です。同じ象形文字でも、トンパ文字はより絵文字に近く、一目見ただけで、文字の意味を推測できるところが魅力です。

トンパ文字は、ナシ族の数千年の歴史のなかから生まれてきました。「トンパ」というのは、祭司あるいは歴史を記録する書記官にあたる人たちのことで、結婚式やお葬式などの儀式、病気の時の御祓い、占いなどの場面で活躍しています。

鳥がとまる

竜王

このトンパが民衆に神話や説話を話して聞かせるために、その物語の内容を書き記しておいたものが、トンパ文字で書かれた経典です。経典はどれも手書きで、ナシ族の宗教、歴史、哲学、医学、芸術など幅広いジャンルがあり、その物語はなんと1500種類！！

トンパ文字の経典は、登場する人物やものなどにカラフルな色がついているので、見ているだけで楽しくなってしまいます。

不思議なことに、トンパ文字で書かれた経典は、文章の一語一語がすべて記されているわけでもなく、文章を読む方向や順番も特に決まっていないのです。そもそも、トンパは教典の内容を代々口移しで教え込まれているので、物語の中で重要なトンパ文字だけを、流れに沿って自分の解釈で自由に書いておけば、すらすらと読むことができちゃうんです。だから、経典の本当の読み方は数少ないトンパにしかわからないのだけど、一つ一つの文字はとてもわかりやすいので、人々の日常生活の中にも溶け込んでいます。雲南省麗江の街に行くと、トンパ文字で書かれた看板をあちこちに見つけることができますよ！

トンパのふるさと

かみつく

トンパで日本のむかしばなしを書いてみると……

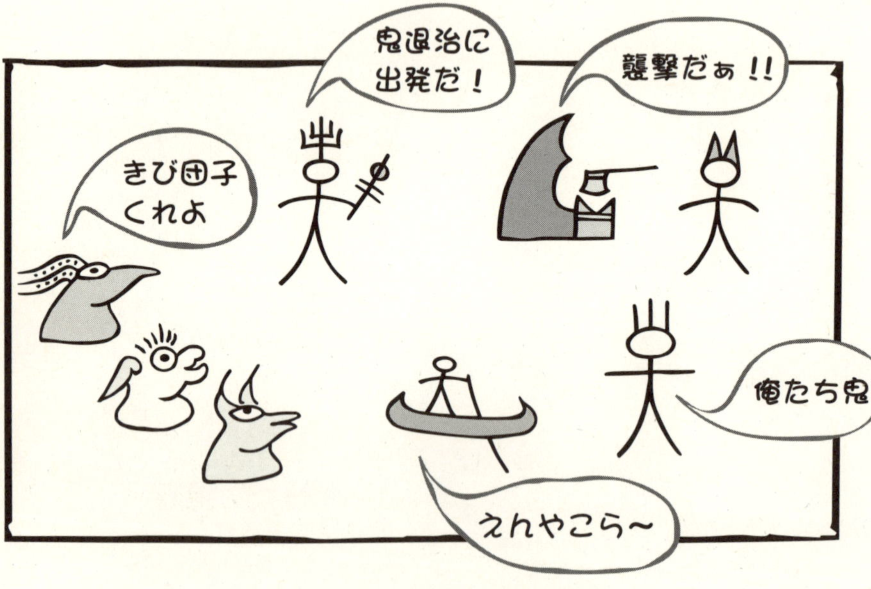

むかしむかし、桃太郎は鬼が島に鬼退治にいきました。

1

 ？

読める？

トンパ文字についてわかったところで、簡単なクイズを出してみよう。

11ページからトンパ文字で書かれた文章が載せてあります。なんて読むかわかるかな？

解答は次のページに書いてあるよ。だけど、まずは自力で解読してみてね。それでは健闘をお祈りします！

ヒント

「えーっ！　こんなの読めないよ！」という人のために、ここにあるトンパ文字の文章を読むためのヒントを教えますね。

トンパ文字の文章は、いくつかの文字を組み合わせて作られています。「トンパってなに？」でも簡単に紹介したけど、文字を読む方向や順番も特に決まっていないので、文法などにしばられずに、ひとつひとつの文字の意味を考えて、解釈していってください。

クイズの中にはちょっとひねりの効いたものもあるので、頭をやわらかくして考えてね！

賢者

ヒント 末長くお幸せに

答え：結婚式

解説

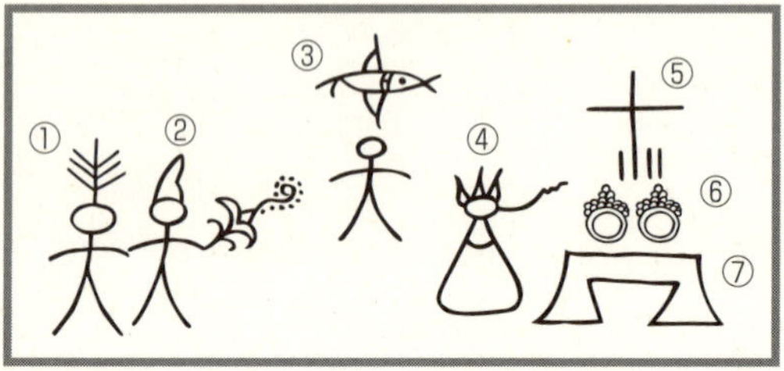

① お父さん。

② 花嫁。

③ 花婿。

④トンパ（呪術師）

⑤ 祭祀。祭りや儀式をあらわします。

⑥ 指輪。結婚式なので、ペアのマリッジリングです。

⑦ 上。この場合は台の上に指輪が載っているようすをあらわしています。

バージンロードを花嫁とお父さんが歩いている場面で結婚式を表現しました。

トンパ文字なのに教会式？　気にしない気にしない。

ヒント　怖いものランキング

答え：地震雷火事親父

解説

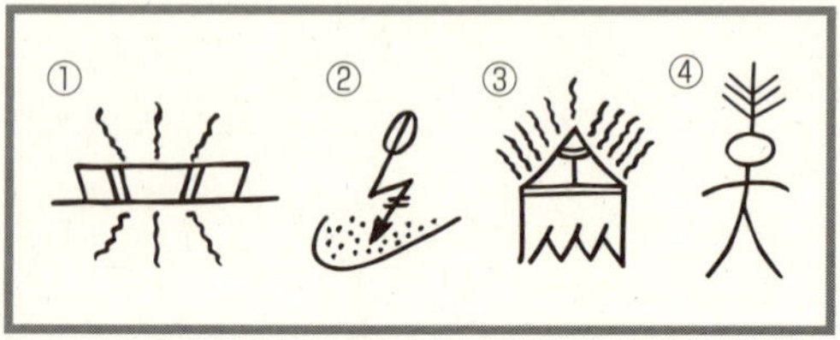

① 地震。大地が揺れているようす。
② 落雷。雷が矢のような勢いで、地面に突き刺さっています。
③ 火事。家の中に火がついて燃えています。
④ お父さん。

昔の人が恐しいものを順にあげて言った言葉です。さて、あなたのお父さんは怖いものランキングに入ってる？

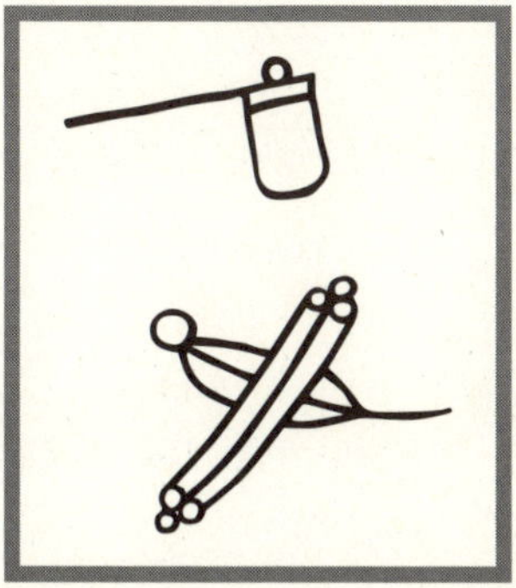

ヒント ことわざです。「慎重に！」

答え：石橋をたたいて渡る

解説

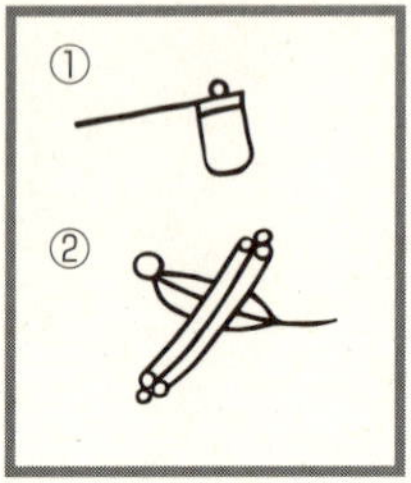

① かなづち
② 石橋

「石橋をたたいて渡る」は、念には念を入れて行動すること。でも、石橋をたたきすぎて壊しちゃだめよ。

ヒント ことわざです。「とりあえず、ご飯食べよう」

答え：腹が減っては戦はできぬ

解説

① 空腹。おなかのなかがからっぽです。
② 否定のしるし。
③ あらそい。

「」をトンパ文字の上に書くと、「・・・しない」「・・・できない」「○○の反対」という意味になります。

空腹であらそいができない、つまり腹が減っては戦はできぬ、ということ。おなかがすいて動けないのも困るけど、食べすぎにも気をつけて！

ヒント ことわざです。「濡れ手で栗」

答え：一攫千金

解説

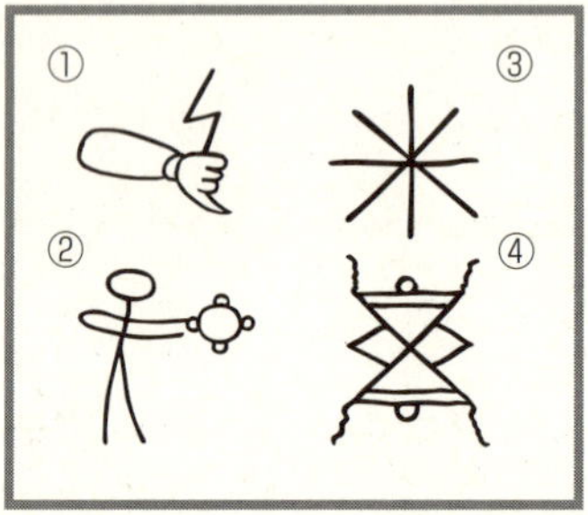

① つかむ。
② 手に入れる。
③ 数字の「1000」。
④ 金。

ひとつかみで千金（たくさんのお金のこと。1000円じゃないよ）を手に入れる。すなわち「一攫千金」は、たいした苦労をしないで大金をもうけること。「金運祈願」トンパお守りで、あなたもお金持ちになれるかも！

ヒント　ことわざです。「まずい薬ほどよく効きます」

答え：良薬は口に苦し。

解説

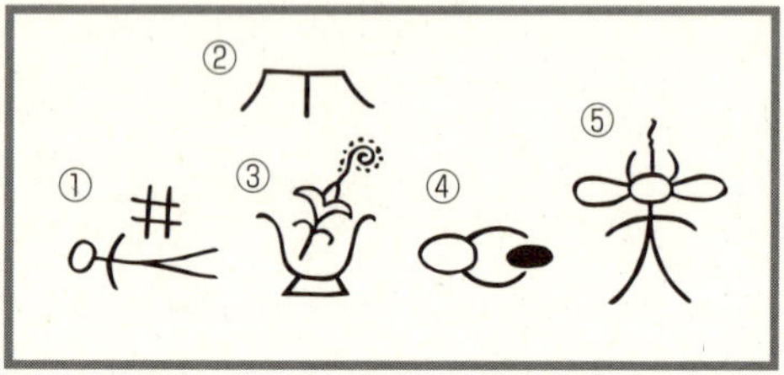

① 病気の人。
② 良い。
③ くすり。コップの中に薬草が入っています。
④ 苦い。
⑤ 元気な人。

病気の人が良い薬を飲んで苦かったけれど元気になりました。すなわち、良薬は口に苦し。これは、良い薬は苦くて飲みにくいけれど病気にはよく効く、というように、身のためになる忠告はうるさく聞こえる、っていうこと。

親も先生も上司も「良薬」なのかな？

ヒント 日本のルールです

答え：酒とタバコは二十歳から。

解説

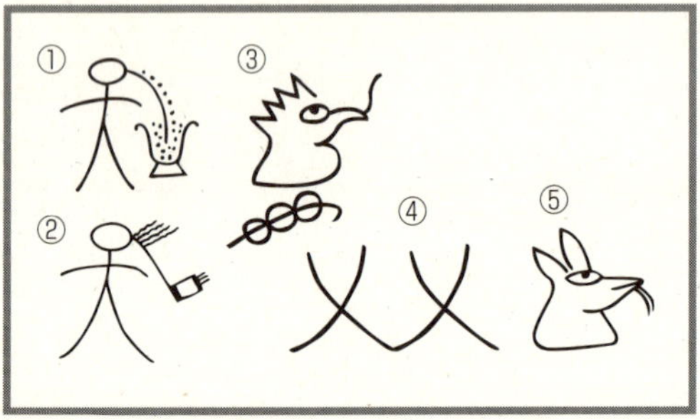

① お酒を飲む人。

② タバコを吸う人。

③ ニワトリが鳴くと一日が始まることから「ものごとの始まり」をあらわします。

④ 数字の「10」が二つ並んで「20」。

⑤ 十二支の初めの「ネズミ」で「年」をあらわします。

美容と健康のためには、お酒もタバコもほどほどに。

1

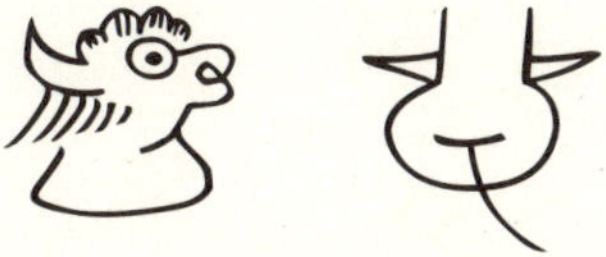

2

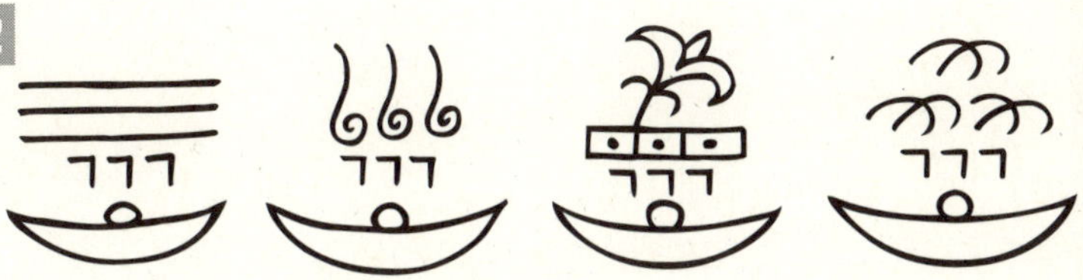

3

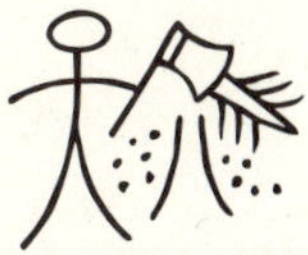

ヒント 歌のタイトルだよ

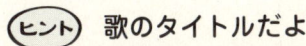

答え：1 らいおんはーと　2 Seasons　3 与作

解説

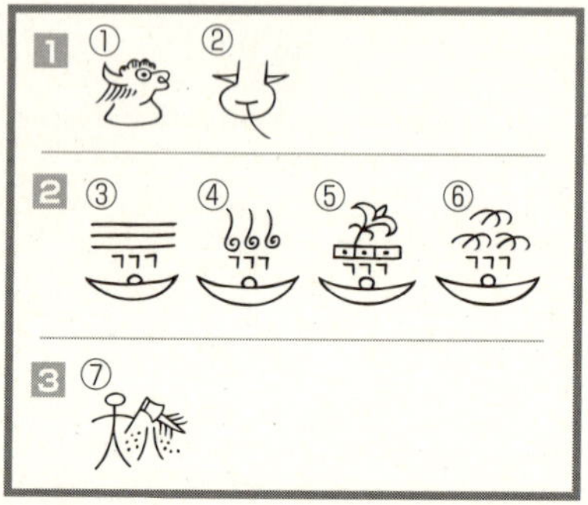

① ライオン

② 心臓。こころ。

③ 春。「風」「3」「月」の組み合わせです。

④ 夏。「雨」「3」「月」の組み合わせです。

⑤ 秋。「花」「土」「3」「月」の組み合わせです。

⑥ 冬。「雪」「3」「月」の組み合わせです。

⑦ 木を切る人。

1 はライオンの心で「らいおんはーと」。

2 は春夏秋冬。すなわち「Seasons」。

3 は日本一有名な木こり、「与作」です。

全問正解できましたか？

あなたも好きな歌のタイトルや歌詞をトンパ文字で書いてみよう。

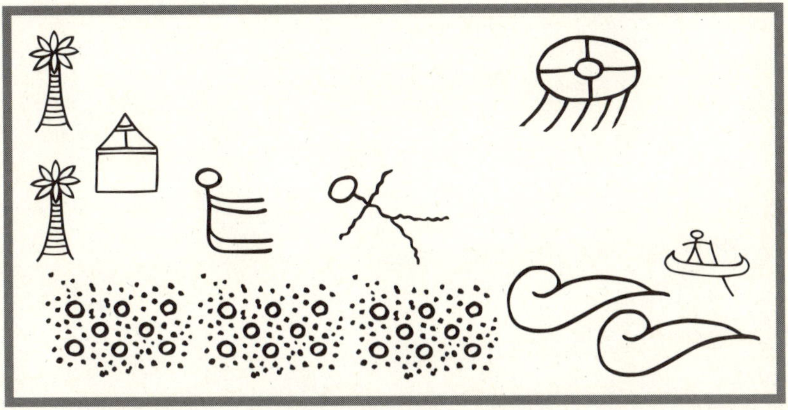

ヒント 夏といえば・・・その1

答え：海水浴

解説

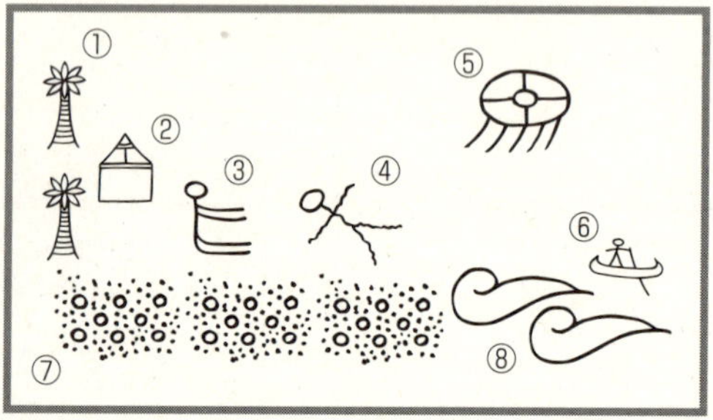

① シュロの木。
② 家。この場合は海の家かな？
③ 座っている人。
④ なまける人。
⑤ 日光。
⑥ 船をこぐ。
⑦ 砂。
⑧ 海。

夏といえばもちろん海！　砂浜でオイルを塗って焼いている人やボートで遊んでいる人のようすです。さあ、お気に入りの水着に着がえて海を満喫しましょう！

ヒント　夏といえば・・・その2

答え：お台場の花火見に行かない？

解説

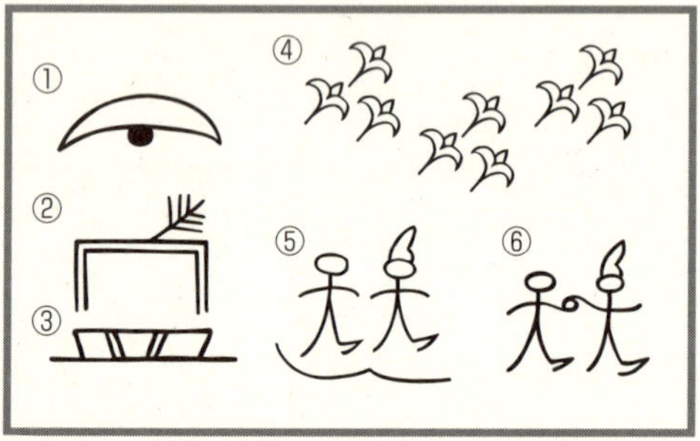

① 夜。
② テーブル。つくえ。台。
③ 土地。この場合は「場」の意味に使っています。
④ 火花。花火。夜空にたくさん並べるときれいでしょ。
⑤ デート。男の子と女の子が並んで歩いています。
⑥ 友達。カップル。男の子と女の子が手をつないでいます。

夜のお台場に行って花火を見ているカップル。

②と③は組みあわせて「お台場」。地名を書くときは、漢字にトンパ文字をあてはめてみて。

これからは、トンパ文字でデートの約束もバッチリ！

ヒント　天気予報をよく見てね

答え：雨が降ったら、釣りは中止ね。

解説

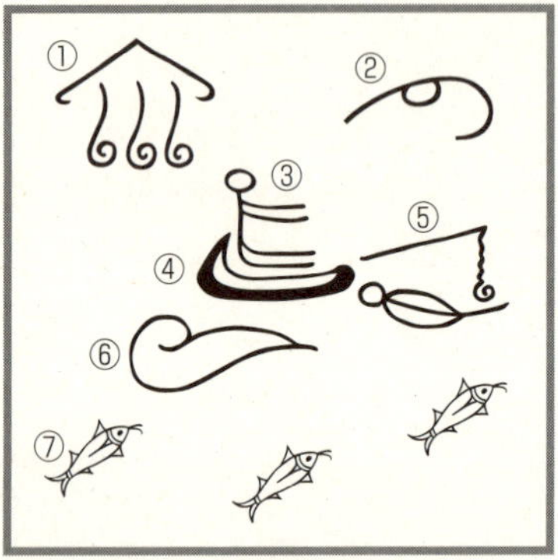

① 雨が降る。天から雨が落ちてくるようす。
② 否定のしるし。
③ 座っている人。
④ 船。
⑤ 釣り。釣りざおを水の中に垂らしています。
⑥ 海。
⑦ さかな。

否定をあらわす「  」があるので「釣りをしない」の意味になります。つまり、「雨が降ったら釣りをしない」。

「  」を「  」の上に書くと、「雨が降らなかったら釣りをしよう」に変わるよ。

ヒント　みんなで楽しく

答え：河原でバーベキューをしよう！

解説

① 太陽。

② デート。

③ 川辺。河原。

④ 食べる。

⑤ 焼く。肉を火の上で焼いているようす。

⑥ 煮る。なべのなかでぐつぐつ煮えています。

⑦ 楽しむ。二人で一緒に食事を楽しんでいるようす。

河原に出かけて、太陽の下でお肉を焼いたりカレーを作ったりと楽しい風景。

天気のいい日は、友達たくさん集めてアウトドアを楽しんじゃおう！

ヒント　右から何番目？

答え：合コンしよー。

解説

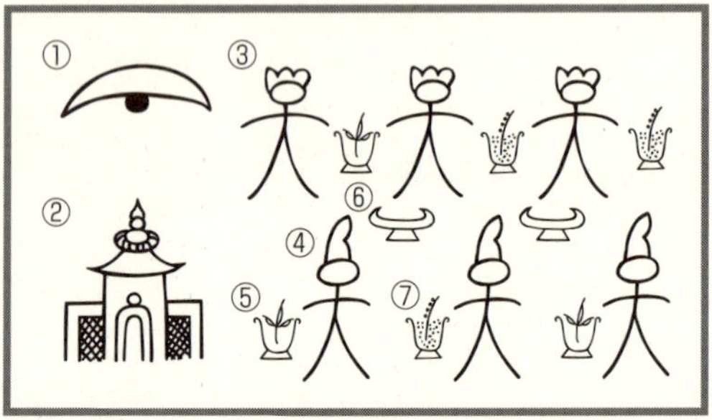

① 夜。
② お城。豪華な場所。
③ 男の子。
④ 女の子。
⑤ お茶。
⑥ 大きい皿。
⑦ お酒。

男の子と女の子を並べて書けば、あっというまに合コン会場のできあがり。あなたのお気に入りは、もう決まった？

ヒント　女の争い

答え：バーゲン

解説

① 引っ張りあう人。
② 買う。手に「金」を持っています。
③ 服。
④ スカート。
⑤ 銀の耳飾り。
⑥ ネックレス。
⑦ スカーフ。
⑧ 羊毛の服。
⑨ 指輪。
⑩ 靴。

女の子の一大イベントは、なんといってもバーゲン。お目当ての商品は気合いを入れてGETしよう！

クイズは正解しましたか？　ここからは、日常会話で使えるトンパの文章を集めてみました。一覧を参考にして自由にアレンジして使ってね。[　]の中は目的にあわせて、別のトンパ文字に置きかえてもOK！

おはよう

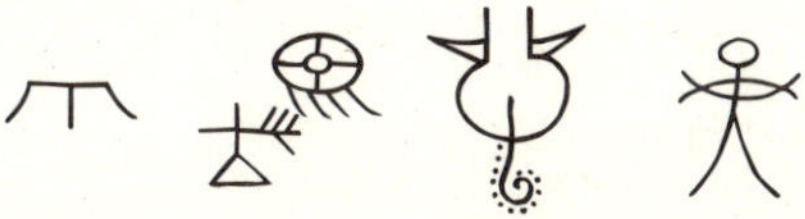

良い　朝　目覚める　手を振る

こんにちは

良い　午後　手を振る

こんばんは

良い　夜　手を振る

おやすみなさい

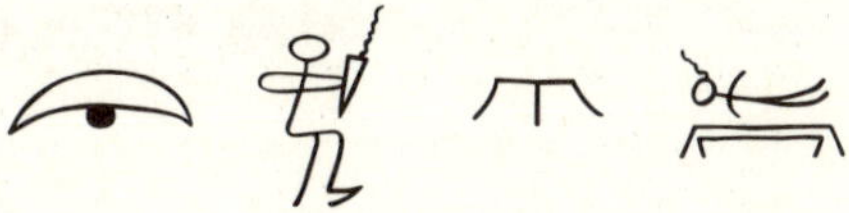

夜　祈る　良い　眠る

行ってきます

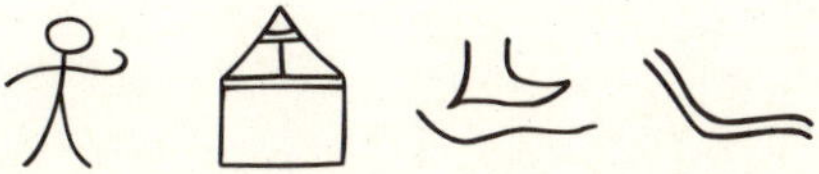

私　家　行く　道

お帰りなさい

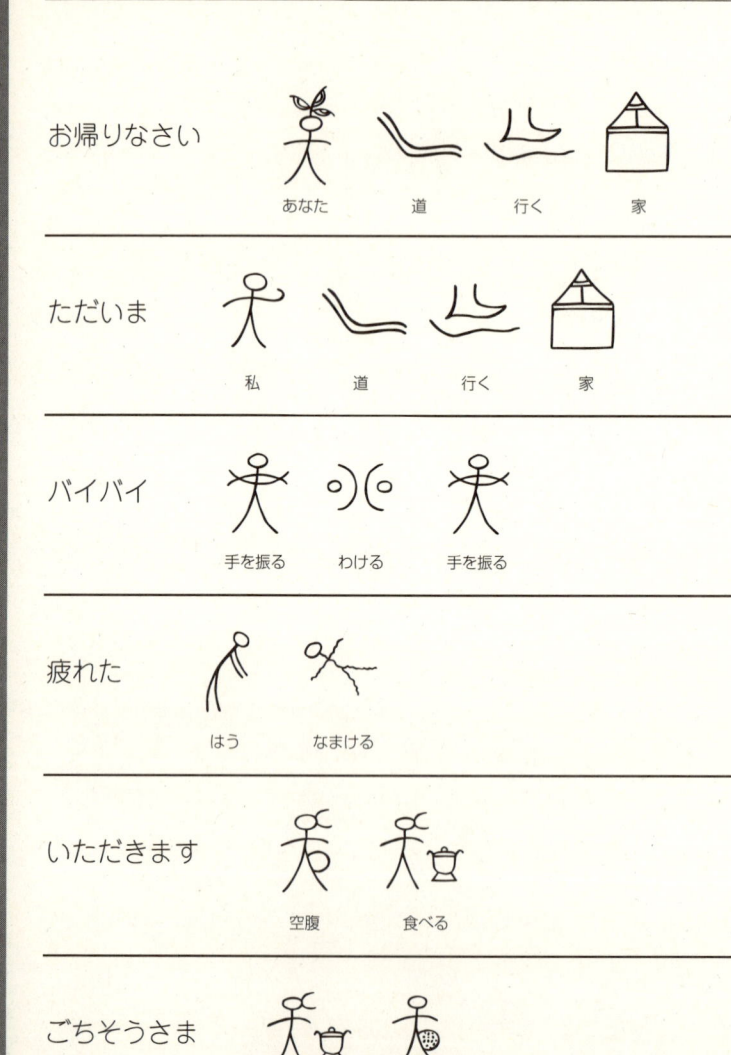

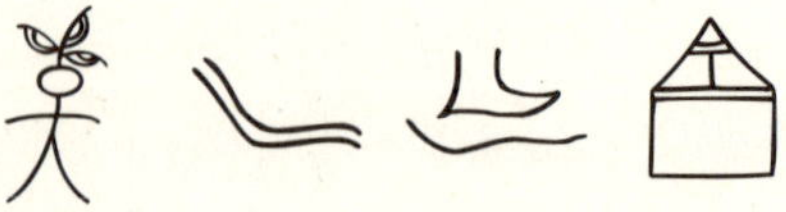

あなた　道　行く　家

ただいま

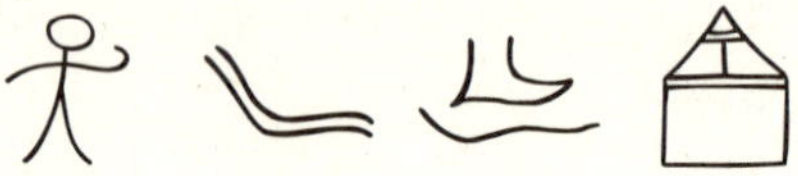

私　道　行く　家

バイバイ

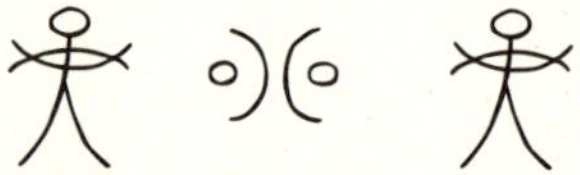

手を振る　わける　手を振る

疲れた

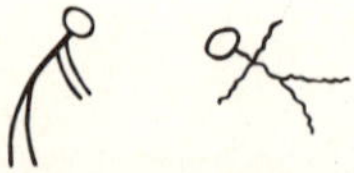

はう　なまける

いただきます

空腹　食べる

ごちそうさま

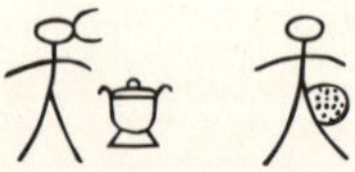

食べる　満腹

愛してる

私　あなた　愛する

好き

私　あなた　恋する

ラッキー

良い　運

悪い予感

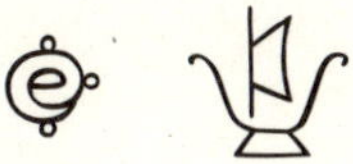

悪い空気　運

お願い

願う

ぼーっ。ひま

なまける

悲しい

ひどく悲しむ

ホッ

安心する

読める？

ハッピー

安心する　歌舞

超ショック！

深い　心を痛める　泣く

ガーン

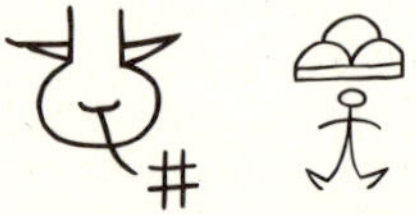

ひどく悲しむ　石　立つ

ドキドキ

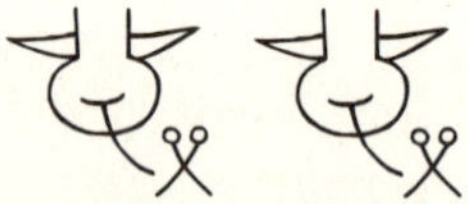

驚く　驚く

いらいら

悩む　悩む

[彼氏] ゲット！

彼　得る

会いたいよ

祈る　私　あなた　デート

夢で会おうね

夢を見る　私　あなた　デート

ずっと一緒にいようね

私　あなた　はじめ　カップル　おわり

顔も見たくない。
バカ！

私　見る　否定　あなた　愚か者　苦いたんを吐く

彼とけんかした。
むかつく！

私　彼　口論　悪意

別れちゃった。
超つらいよ。

男の子　切れる　わける　女の子　ひどく悲しむ　泣く

読める？

結婚してください

願う
私
あなた
結婚する
夫婦

私たち［六月］に
結婚しました

カップル
六月
結婚する
一家

結婚おめでとう

祝いの言葉
花婿
花嫁
結婚する

引っ越しました

草ぶきの家
道
移住
大きな家

あかちゃんが産まれました

私
出産
赤ちゃん
元気

出産おめでとう

祝いの言葉
あなた
赤ちゃん
産む

[馬年]
あけましておめでとう

祝いの言葉　馬　一月　初　日の出

[2月29日]
[17歳]の
誕生日おめでとう

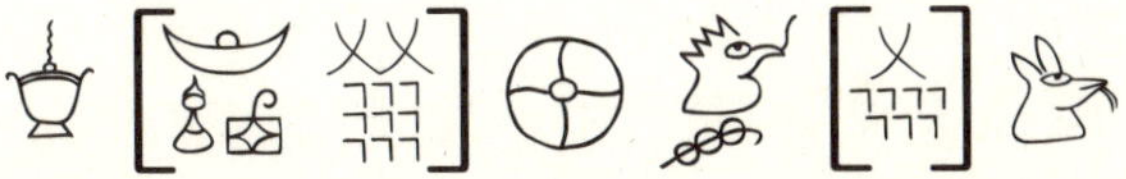

祝いの言葉　二月　十十九　日　はじめ　十七　歳

[この人形] 超かわいい！

人形　深い　かわいい

見て！

あなた　見る

買った？

あなた　買う

[ピアス] 買って！

願う　あなた　買う　与える　銀の耳飾り

[ランチ] おごって。

願う　もてなす　正午　ごはん

読める？

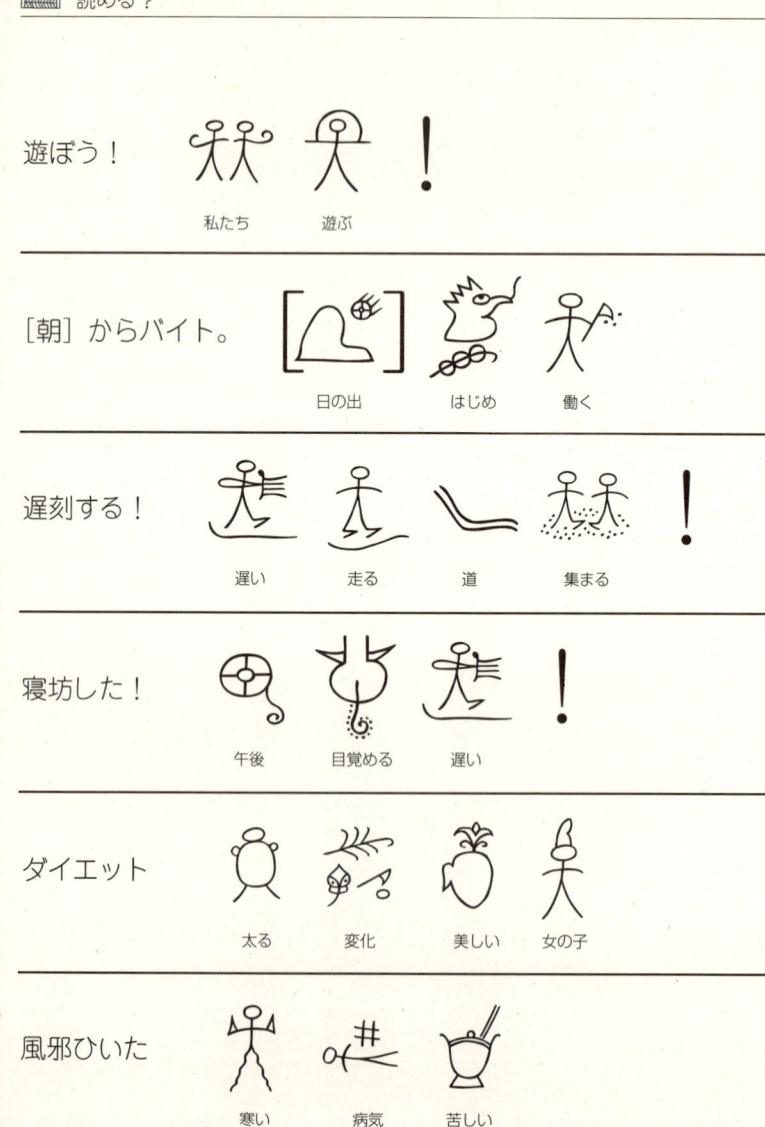

遊ぼう！

私たち　遊ぶ

［朝］からバイト。

日の出　はじめ　働く

遅刻する！

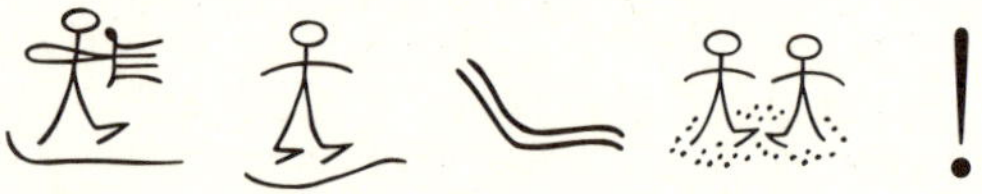

遅い　走る　道　集まる

寝坊した！

午後　目覚める　遅い

ダイエット

太る　変化　美しい　女の子

風邪ひいた

寒い　病気　苦しい

ころんで骨折しちゃった。

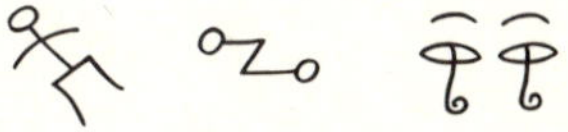

転ぶ　骨折　泣く

[渋谷の丸井] で
待ち合わせ

苦い　谷　丸い　井戸　集まる

[海で] デートする

デート　海　楽しむ

[山道] をドライブする

車　デート　山道

[飲み] に行く

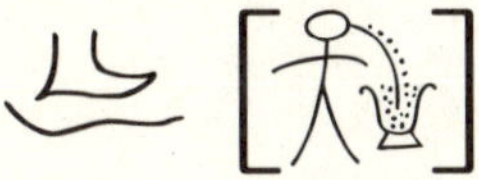

行く　酒を飲む

[ビアガーデン] に行く

行く　中庭　麦　酒　酒を飲む

読める？

［ごはん］を食べに行く

行く　豪華な家　食べる　ごはん

カラオケに行く

行く　豪華な家　歌う　デュエット

温泉に行く

行く　温泉　なまける　安心する

エステに行く

行く　ビル　マッサージ　寝る　美しい

美容院に行く

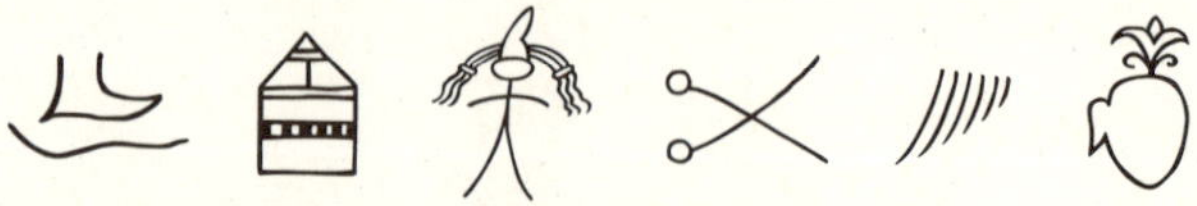

行く　ビル　おさげ　はさみ　髪の毛　美しい

日焼けサロンに行く

行く　ビル　陽に当たる

2

私、リカ。あなたはだあれ？

ここに載せた名前のリストは、「トンパであそぼう会」が日本語の名前をトンパ文字に翻訳してみたものです。リストは漢字の画数順に並んでます。

もし、自分の名前がなかったら、ほかの名前に自分と同じ漢字が使われていないか探してみて。また、後半に掲載してあるトンパ文字のリストから、自分の名前の漢字の意味をもつトンパ文字を見つけて、組み合わせて作ってみてもいいかも。名前の作り方は、漢字にそのままトンパ文字を当てはめてもいいし、語呂合わせやダジャレにしてもおもしろいよ。

自分の名前をトンパ文字で書けるようになったら、サインに使っちゃおう。好きなアーティスト、恋人や友達の名前もトンパ文字で書いて、みんなにおしえてあげて！

SMAP

639／684／724／498×5

木村拓哉

231／1026／657／796

香取慎吾

1273／643／606／591

慎吾ママ

606／591／508

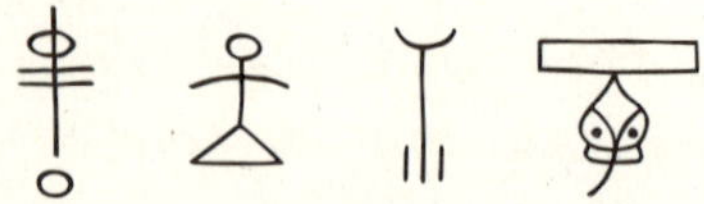

中居正広

224／598／1204／1208

草彅剛

281／893／1321

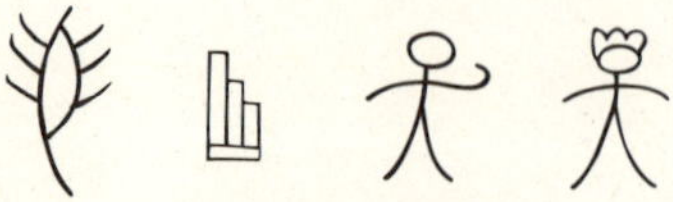

稲垣吾郎

301／1028／591／498

KINKI KIDS

1169／221／139／511×2

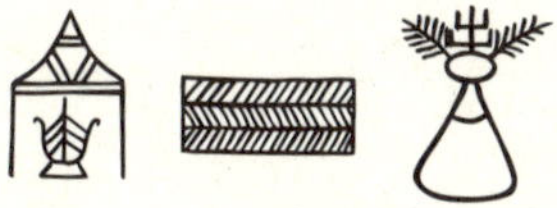

堂本剛

1012／1086／1321

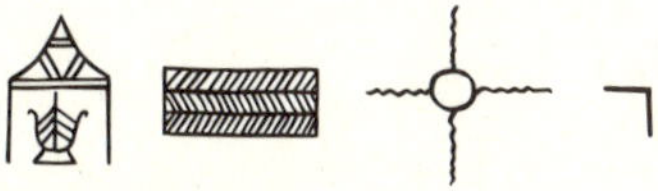

堂本光一

1012／1086／31／1228

TOKIO

220／139／498×5

嵐

1＋25＋15

滝沢秀明

172／192／565／40

今井翼

76／167／325

モーニング娘。

49／499

安倍なつみ

814／1215／312／807

私、リカ。あなたはだあれ？

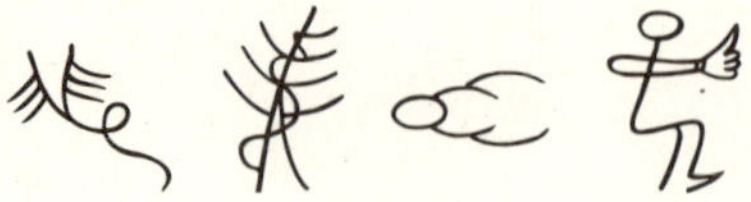

後藤真希

63／269／800／605

保田圭

731／105／1278

飯田圭織

959／105／1278／650

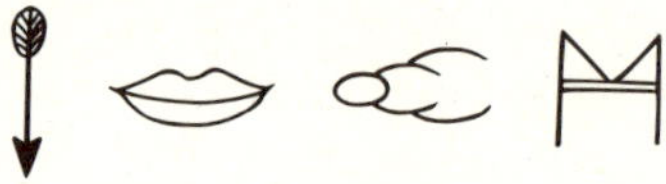

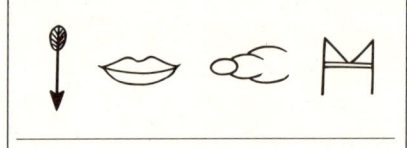

矢口真里

1098／751／800／1026

石川梨華

194／177／241／239

吉澤ひとみ

1195／192／749

辻希美

1172／605／1224

加護亜依

1215／723／519／601

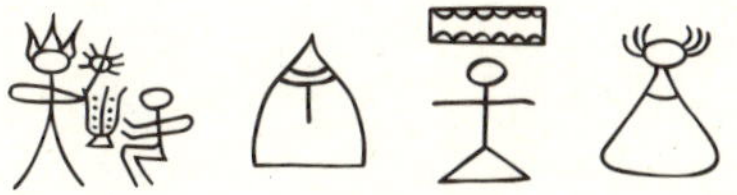

福山雅治

741／142／572／559

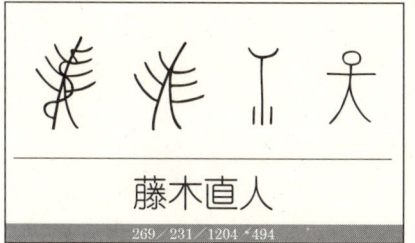

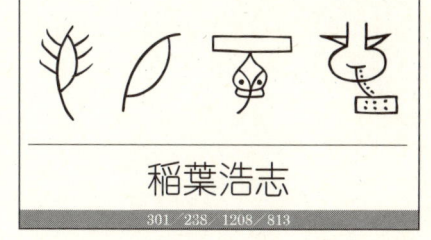

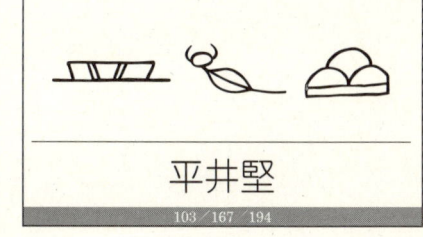

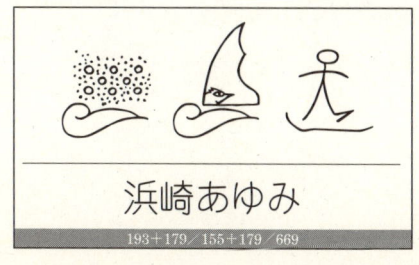

押尾学

730／393／793

藤木直人

269／231／1204／494

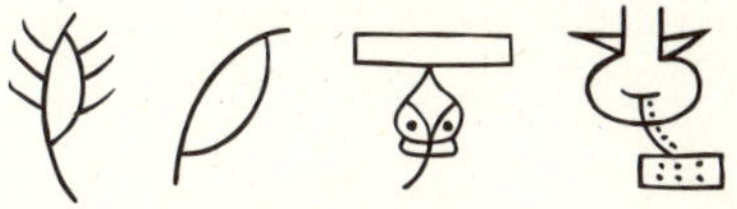

稲葉浩志

301／238／1208／813

河村隆一

177／1026／150／1228

平井堅

103／167／194

浜崎あゆみ

193＋179／155＋179／669

宇多田ヒカル

1／940／105／31

矢井田瞳

1098／167／105／749

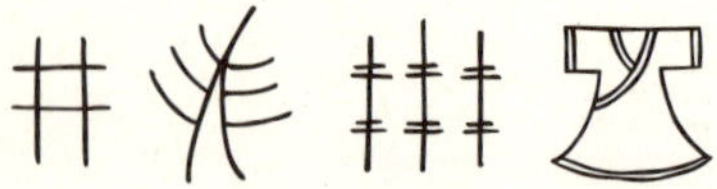

倉木麻衣

905／231／293／844

松嶋菜々子

252／142＋179／312／312／499

深田恭子

109／105／606／499

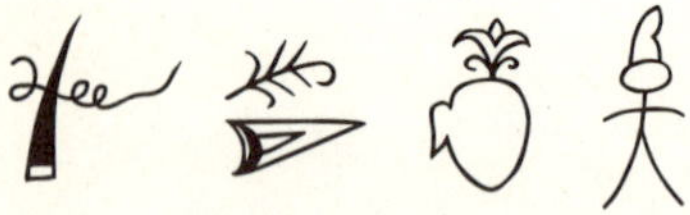

釈由美子

1155／884／1224／499

優香

239＋769／1273

飯島愛

959／142＋179／735

北野武

222／114／1321

明石屋さんま

40／194／1007／72／1112／480

おすぎとピーコ

256／323／517／(520?)

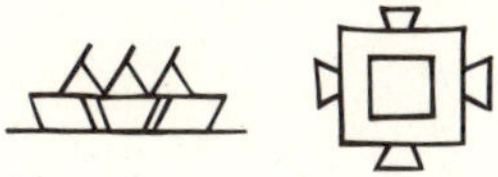

ダウンタウン

226／1053

ネプチューン

179／1315

ロンドンブーツ1号2号

12／139／867／1228／1229

中村玉緒

224／1026／205／62

叶姉妹

788／1224／520

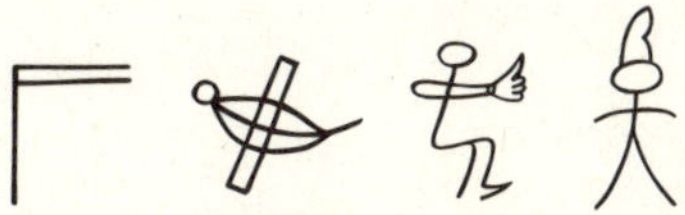

高橋尚子

1192／1173／605／499

長嶋茂雄

831／142+179／114／396

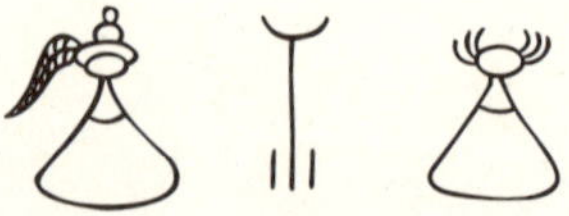

王貞治

558／1204／559

松井秀喜

252／167／565／689

清原和博

628／145／737／1208

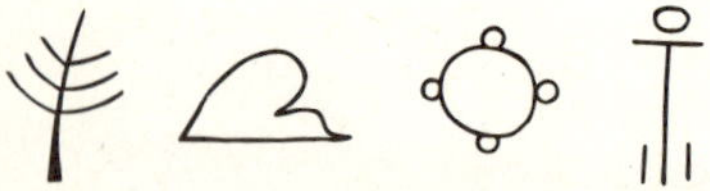

松坂大輔

252／143／1194／1205

イチロー

1228／37

新庄剛志

244／1026／1321／813

佐々木主浩

730／730／231／543／1208

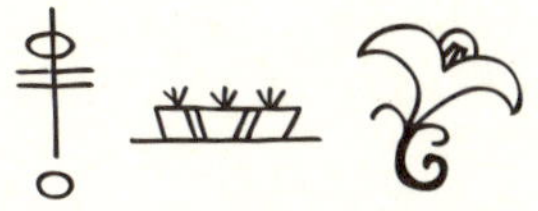

中田英寿

224／105／239／609

川口能活

177／751／880／610

中山雅史

224／142／572／1086

小野伸二

822／114／677／1229

中村俊輔

224／1026／566／1205

小泉純一郎

822／167／166／1228／498

田中真紀子

105／224／800／1090／499

塩爺（塩川正十郎）

195／500

姓

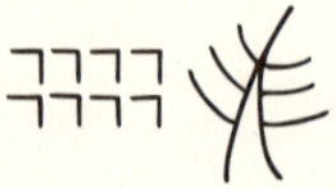

八木

1235／231

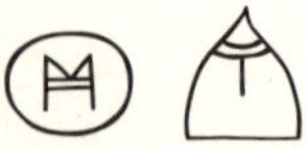

丸山

1207／142

久保

98／731

久保田

98／731／105

工藤

556／269

三浦

1230／140

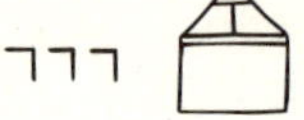

三宅

1230／1007

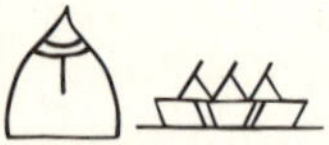

山下

142／226

山口

142／751

山崎

142／155＋179

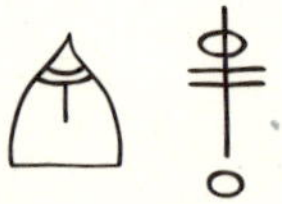

山中

142／224

山田

142／105

山内

142／229

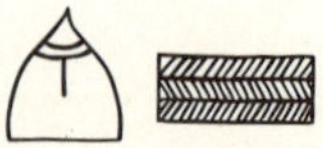

山本

142／1086

小笠原

822／853／145

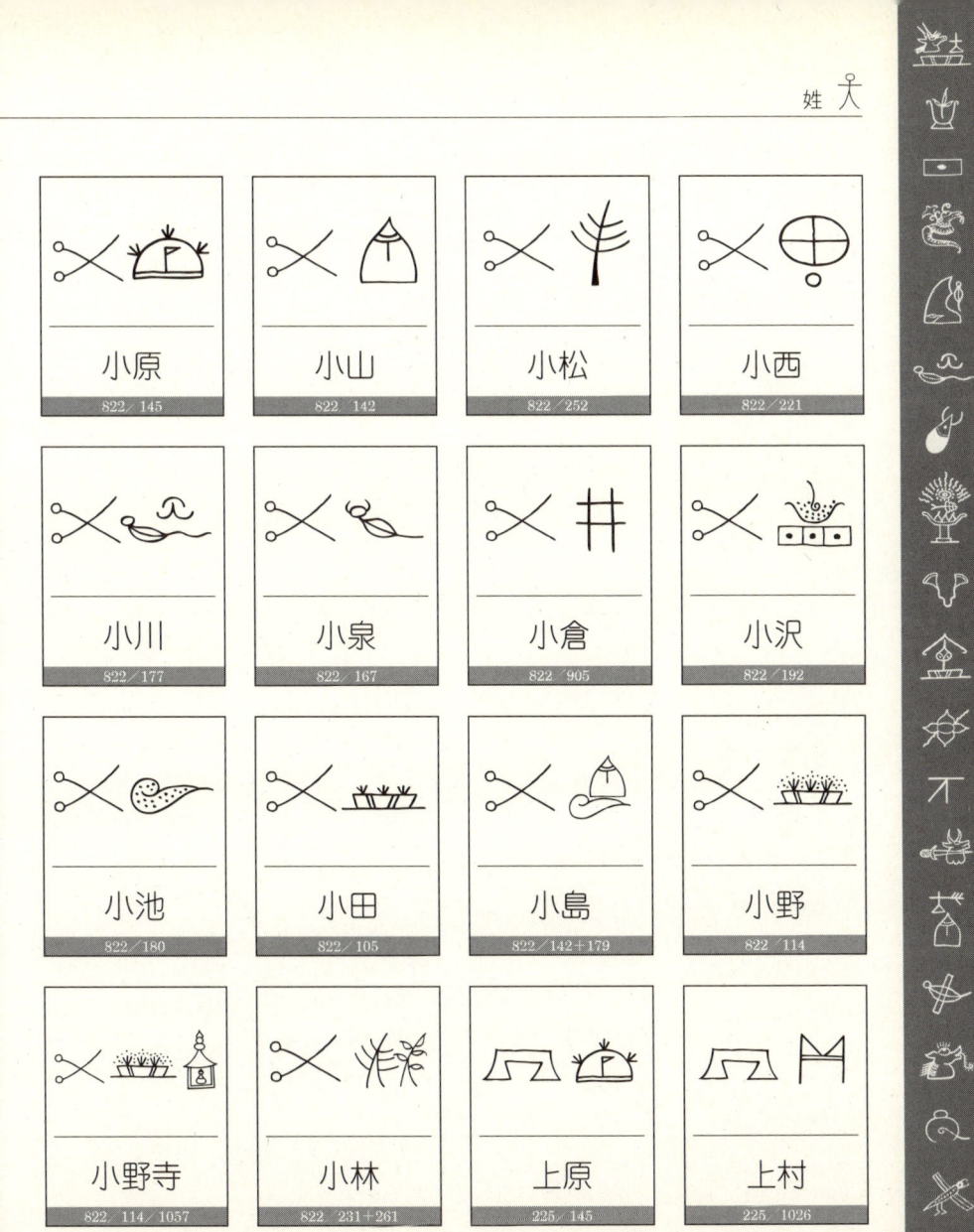

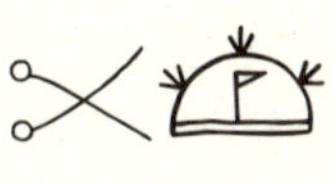

小原

822／145

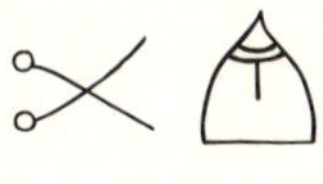

小山

822／142

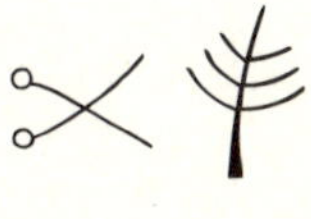

小松

822／252

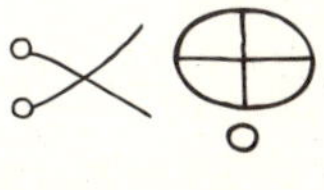

小西

822／221

小川

822／177

小泉

822／167

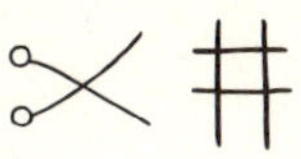

小倉

822／905

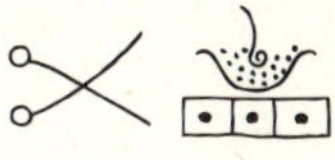

小沢

822／192

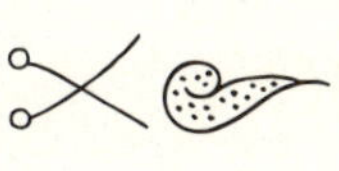

小池

822／180

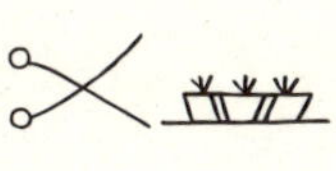

小田

822／105

小島

822／142＋179

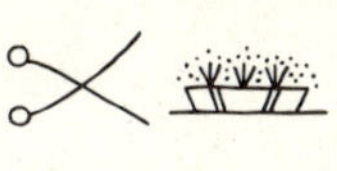

小野

822／114

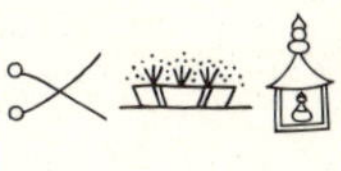

小野寺

822／114／1057

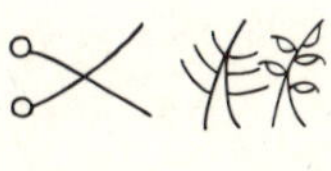

小林

822／231＋261

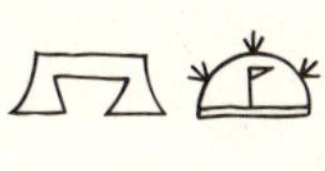

上原

225／145

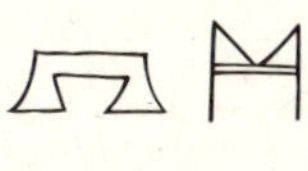

上村

225／1026

私、リカ。あなたはだあれ？

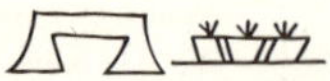

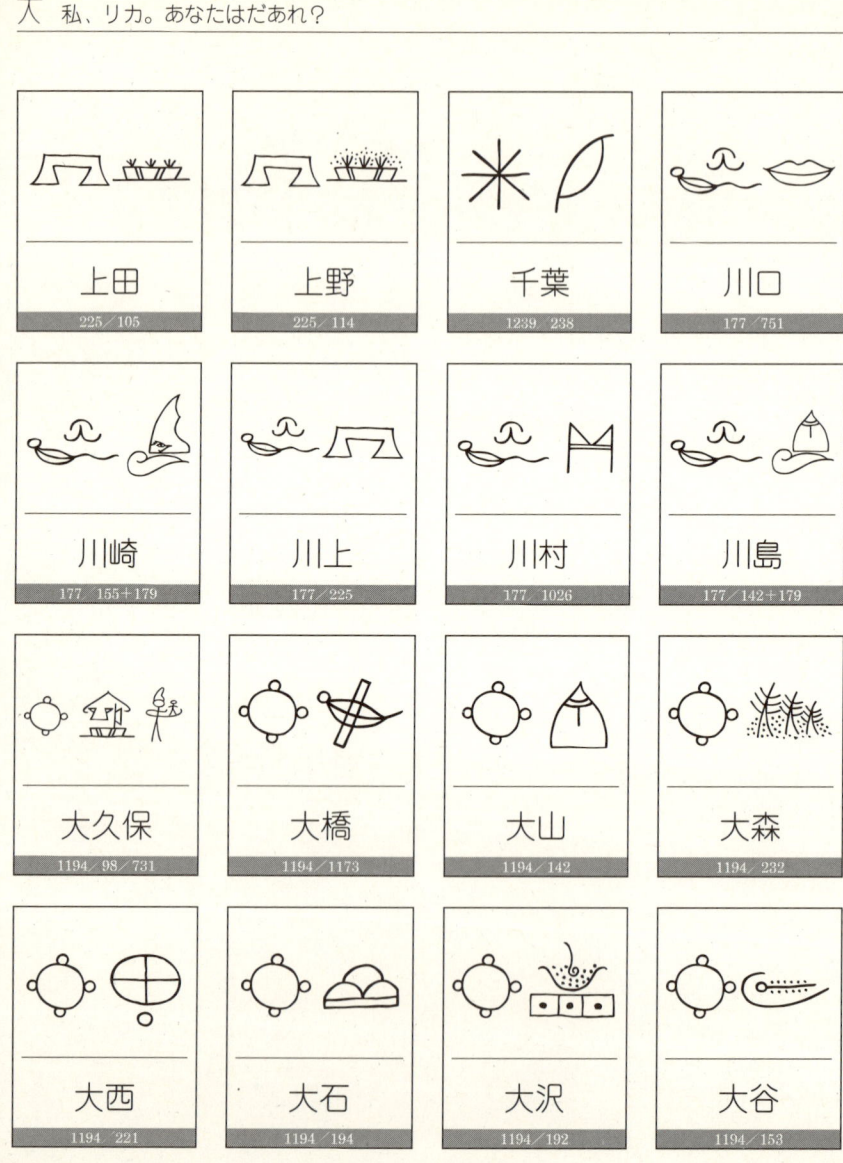

上田

225／105

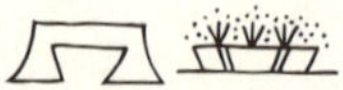

上野

225／114

千葉

1239／238

川口

177／751

川崎

177／155＋179

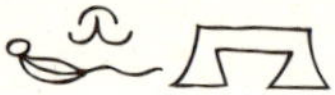

川上

177／225

川村

177／1026

川島

177／142＋179

大久保

1194／98／731

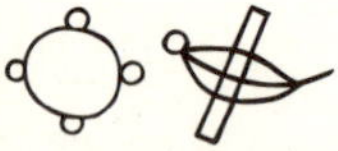

大橋

1194／1173

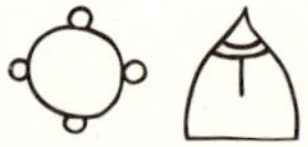

大山

1194／142

大森

1194／232

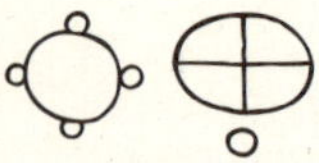

大西

1194／221

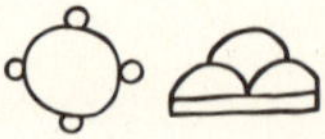

大石

1194／194

大沢

1194／192

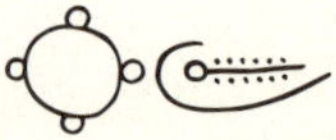

大谷

1194／153

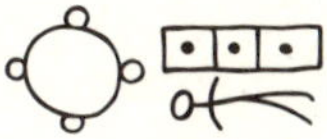

大塚

1194／614

大島

1194／142＋179

大野

1194／114

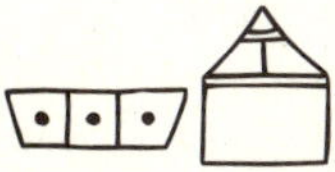

土屋

189／1007

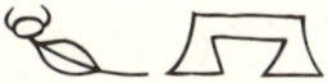

井上

167／225

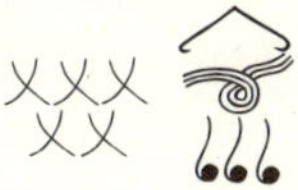

五十嵐

1237×5／1＋25＋15

今井

76／167

今村

76／1026

水野

166／114

太田

744／105

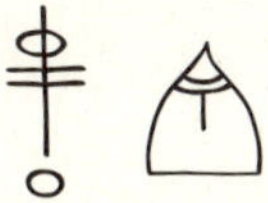

中山

224／142

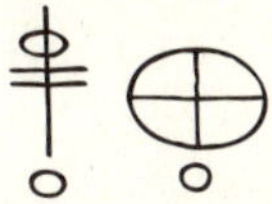

中西

224／221

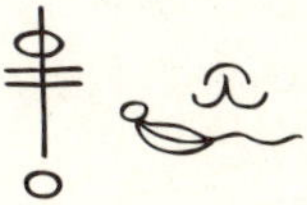

中川

224／177

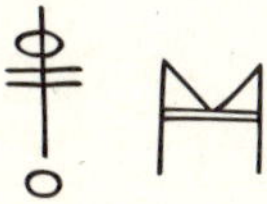

中村

224／1026

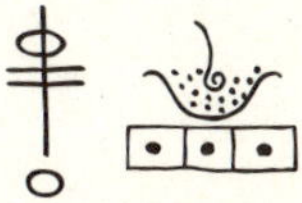

中沢

224／192

中田

224／105

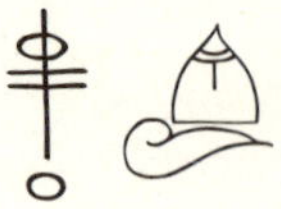

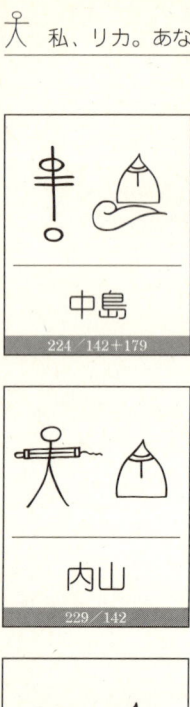

中島

224／142＋179

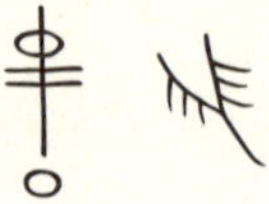

中尾

224／393

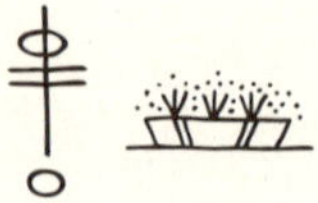

中野

224／114

天野

1／114

内山

229／142

内田

229／105

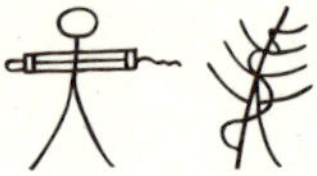

内藤

229／269

片岡

1242／144

片山

1242／142

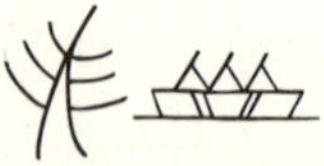

木下

231／226

木村

231／1026

永井

98／167

永田

98／105

加藤

1215／269

古賀

98／961

古川

98／177

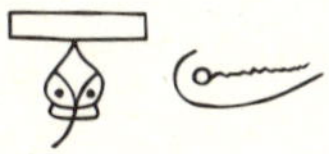

広瀬

1208／178

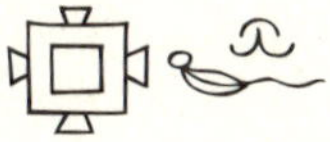

市川

1053／177

石井

194／167

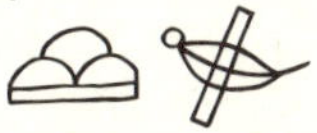

石橋

194／1173

石原

194／145

石川

194／177

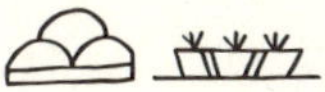

石田

194／105

辻

1172

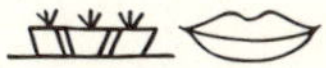

田口

105／751

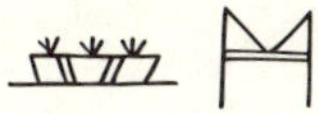

田村

105／1026

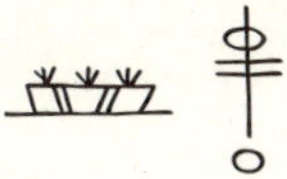

田中

105／224

田島

105／142+179

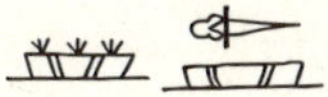

田辺

105／140

白石

1218／194

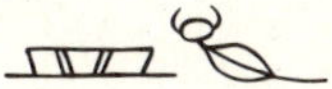

平井

103／167

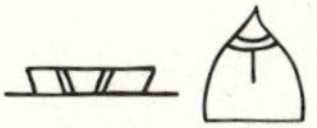

平山

103／142

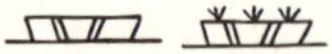

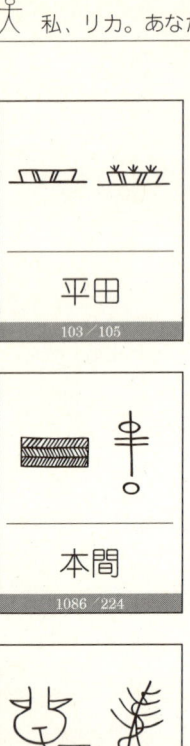

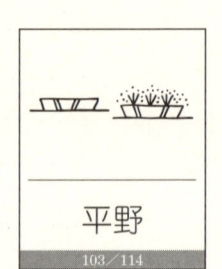

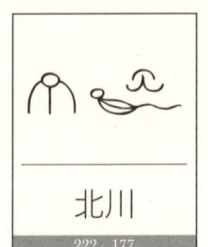

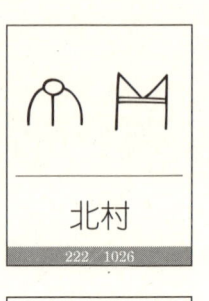

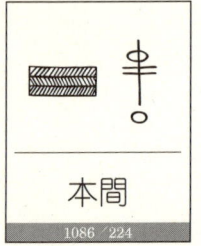

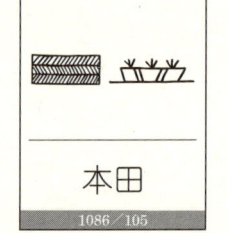

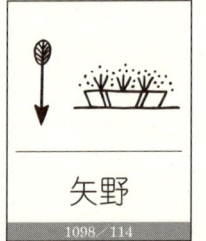

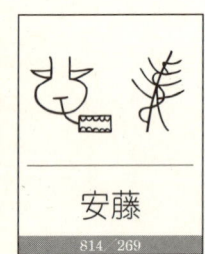

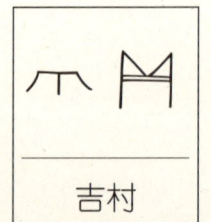

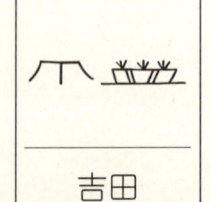

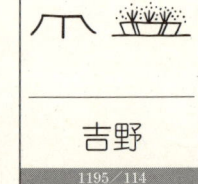

平田

103／105

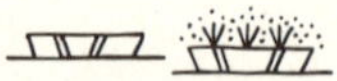

平野

103／114

北川

222／177

北村

222／1026

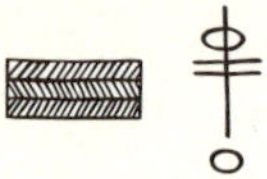

本間

1086／224

本田

1086／105

矢野

1098／114

安田

814／105

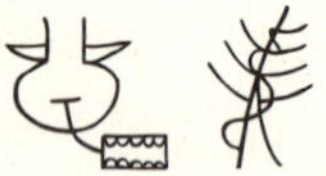

安藤

814／269

伊東

596／220

伊藤

596／269

吉岡

1195／144

吉川

1195／177

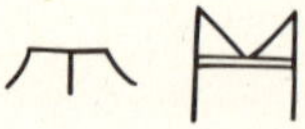

吉村

1195／1026

吉田

1195／105

吉野

1195／114

寺田

1057／105

成田

887／105

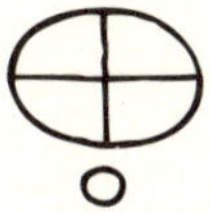

西

221

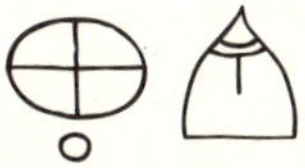

西山

221／142

西川

221／177

西村

221／1026

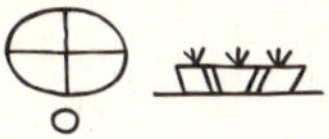

西田

221／105

早川

1202／177

多田

940／105

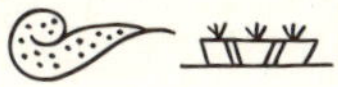

池田

180／105

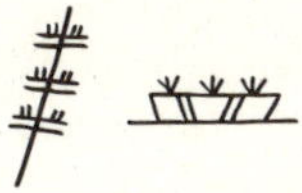

竹田

280／105

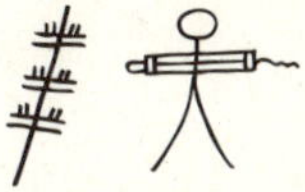

竹内

280／229

角田

390／105

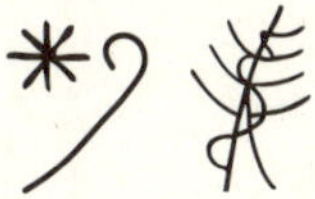

近藤

1169／269

佐々木

730／730／231

佐藤

730／269

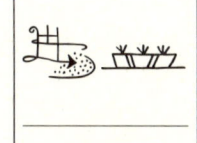

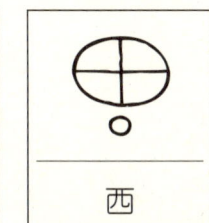

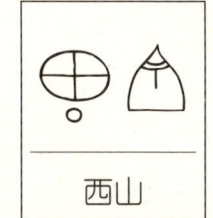

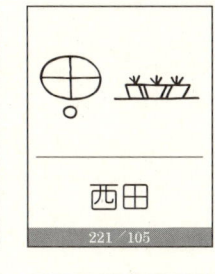

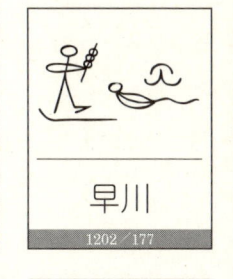

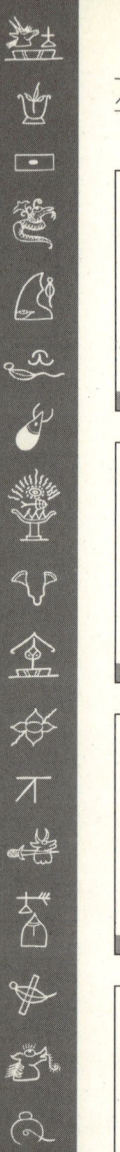

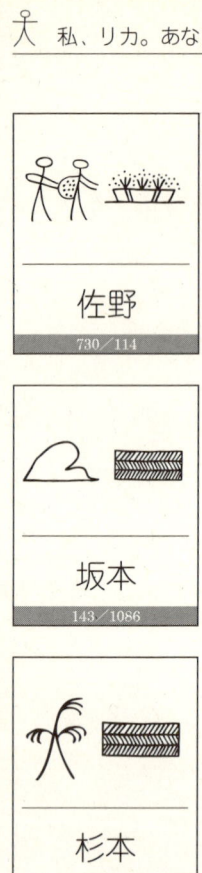

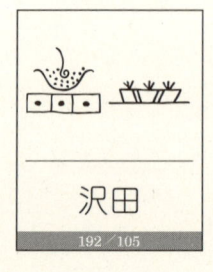

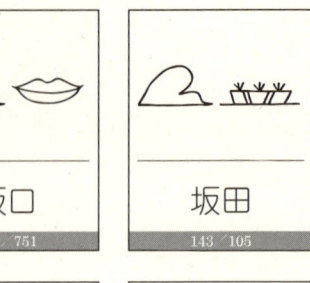

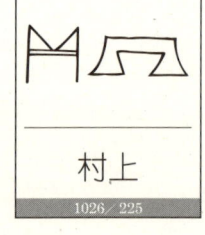

佐野

730／114

坂井

143／167

坂口

143／751

坂田

143／105

坂本

143／1086

児玉

511／205

杉浦

256／140

杉山

256／142

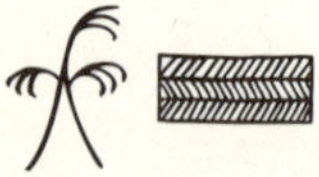

杉本

256／1086

足立

766／597

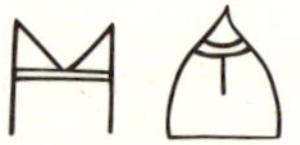

村山

1026／142

村上

1026／225

村田

1026／105

沢田

192／105

谷口

153／751

尾崎

393／155＋179

阿部

578／1213

岡

144

岡崎

144／155＋179

岡村

144／1026

岡田

144／105

岡本

144／1086

河合

177／1214

河村

177／1026

河野

177／114

岩崎

155／155＋179

岩田

155／105

岩本

155／1086

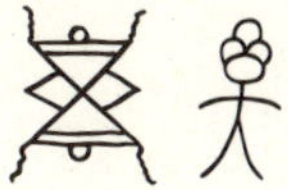

金子

198／511

松井

252／167

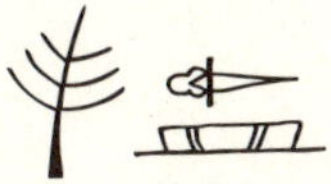

松浦

252／140

松永

252／98

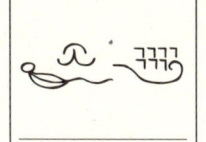

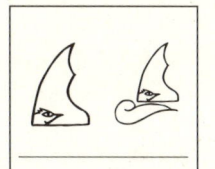

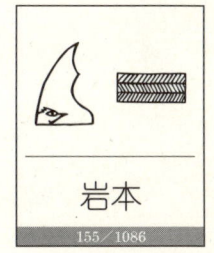

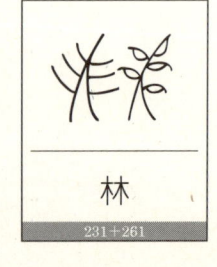

松岡

252／144

松下

252／226

松原

252／145

松村

252／1026

松田

252／105

松尾

252／393

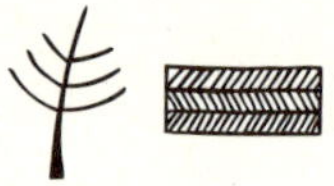

松本

252／1086

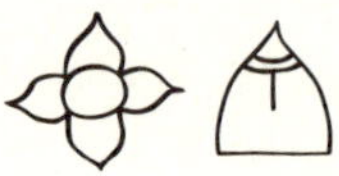

青山

200／142

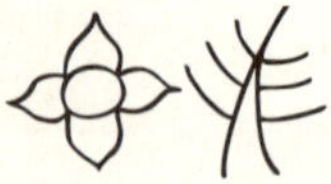

青木

200／231

長谷川

831／153／177

東

220

武田

1321／105

武藤

1321／269

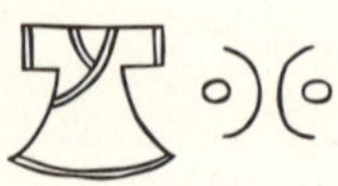

服部

844／1213

牧野

663／114

林

231＋261

和田

737／105

後藤

63／269

荒井

36／167

荒木

36／231

秋山

72／142

星野

4／114

浅野

61＋109／114

前田

62／105

南

223

宮下

1059／226

宮崎

1059／155＋179

宮田

1059／105

宮本

1059／1086

栗原

260／145

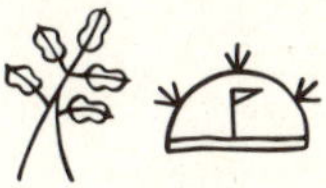

桑原

271／145

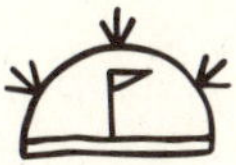

原

145

原田

145／105

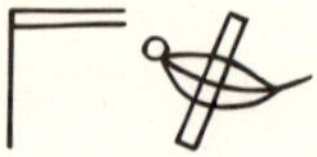

高橋

1192／1173

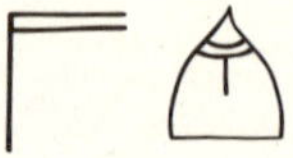

高山

1192／142

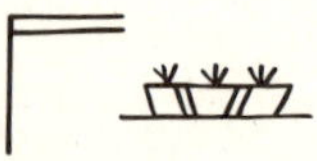

高田

1192／105

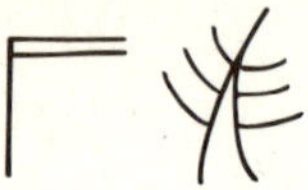

高木

1192／231

高野

1192／114

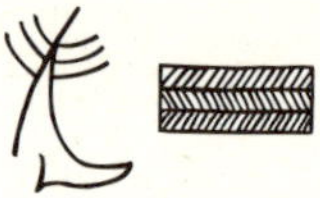

根本

237／1086

桜井

267／167

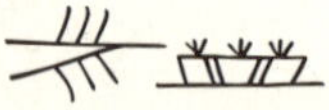

柴田

233／105

酒井

974／167

島田

142＋179／105

馬場

415／103

浜田

193＋179／105

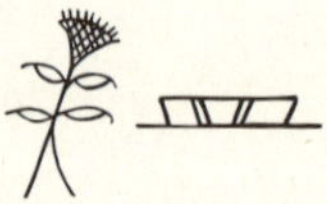

菊地

310／103

菊池

310／180

黒田

1084／105

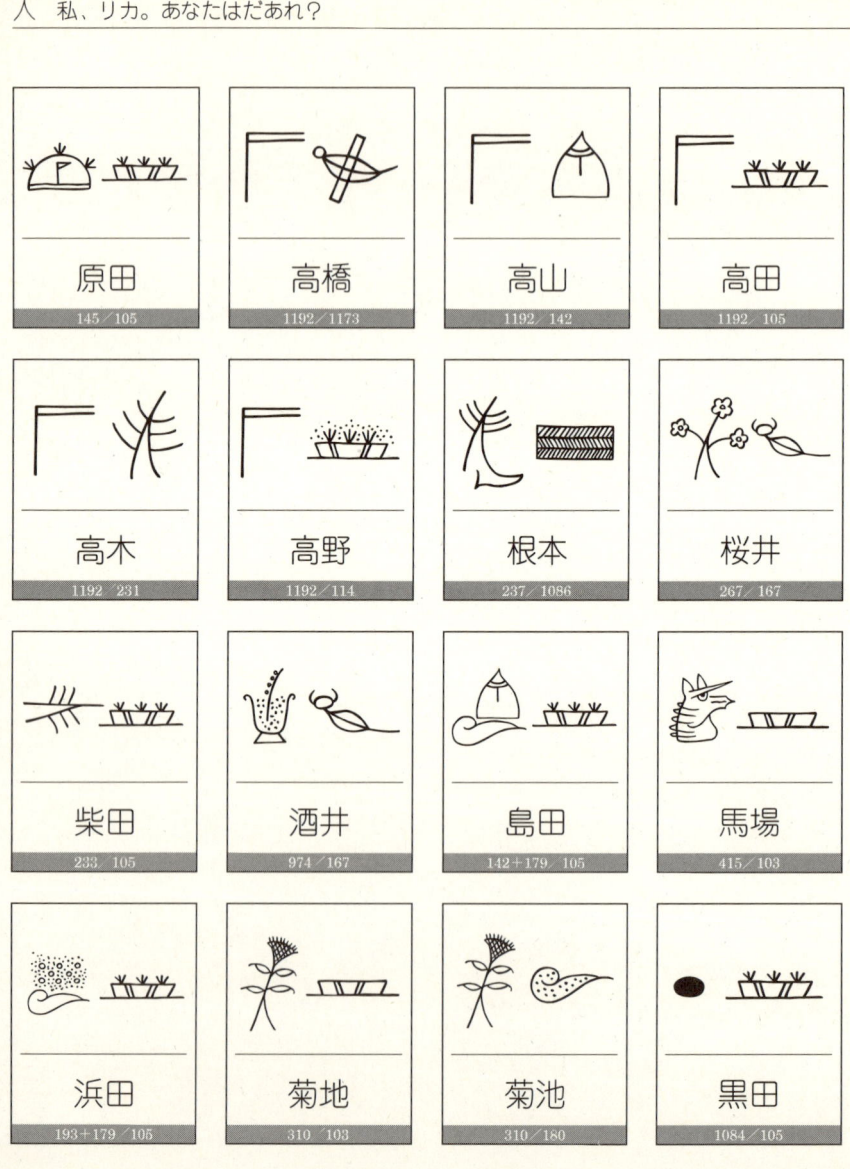

斎藤
1300／269

渋谷
804／153

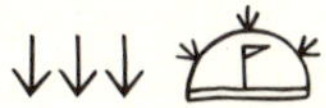
菅原
281／145

菅野
281／114

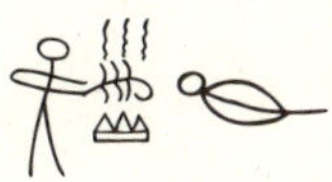
清水
628／166

望月
605／3

堀
178

野口
114／751

野村
114／1026

野田
114／105

奥村
154／1026

奥田
154／105

森
232

森田
232／105

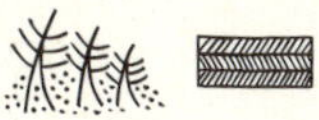
森本
232／1086

須藤
757／269

渡部

399／1213

渡辺

399／140

萩原

309／145

飯田

959／105

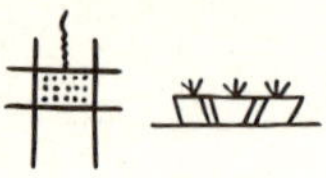

富田

906／105

遠藤

1170／269

新井

244／167

福井

741／167

福田

741／105

福島

741／142+179

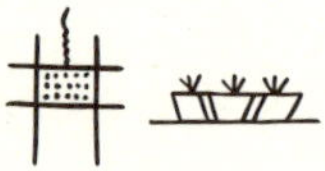

豊田

906／105

鈴木

1146／231

関

1044

関口

1044／751

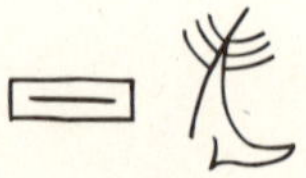

関根

1044／237

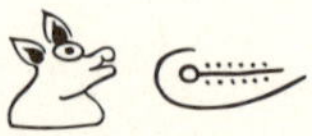

熊谷

431／153

増田

1215／105

樋口

178／751

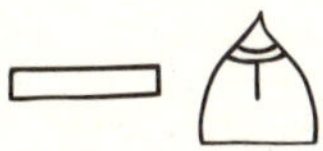

横山

1049／142

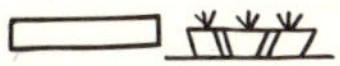

横田

1049／105

橋本

1173／1086

篠原

280＋280＋280／145

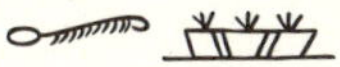

鎌田

892／105

藤井

269／167

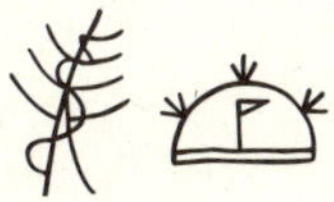

藤原

269／145

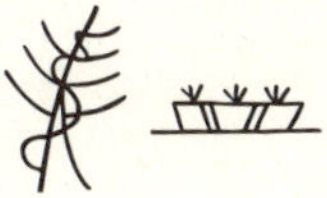

藤田

269／105

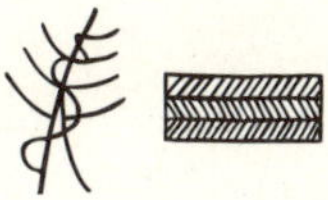

藤本

269／1086

名前
（男の子）

一輝

1228／40

一樹

1228／231

一真

1228／800

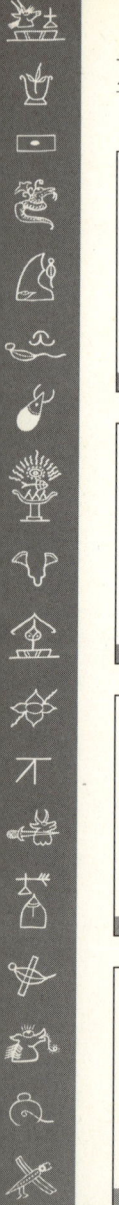

私、リカ。あなたはだあれ？

一郎

1228／498

二郎

1229／498

三郎

1230／498

大介

1194／738

大輝

1194／40

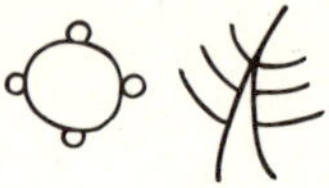

大樹

1194／231

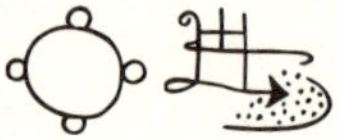

大成

1194／887

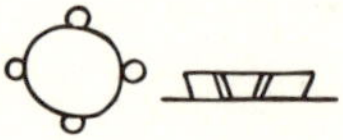

大地

1194／103

五郎

1232／498

仁

578

太郎

744／498

功

1195＋880

巧

556

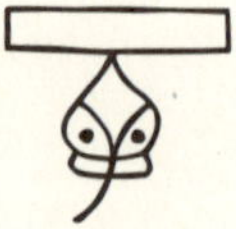

弘

1208

四郎

1231／498

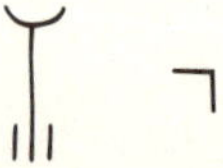

正一

1204／1228

正輝

1204／40

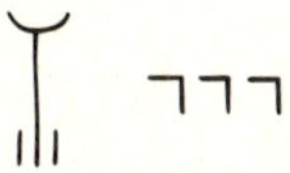

正三

1204／1230

正治

1204／559

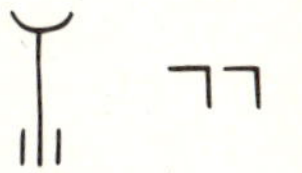

正二

1204／1229

正和

1204／737

光博

31／1208

次郎

516／498

匠

556

壮太

610／744

孝弘

1012／1208

孝夫

1012／530

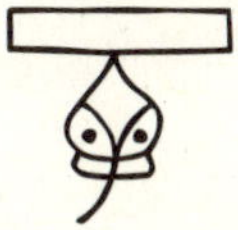

宏

1208

秀樹

569／231

秀雄

569／396

辰男

493／498

英樹

239／231

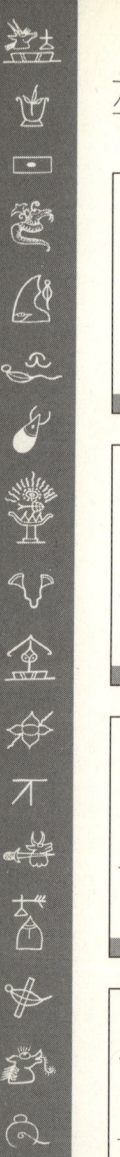

私、リカ。あなたはだあれ？

英和

239／737

学

793

岳

150

京介

139／738

幸太

741／744

幸雄

741／396

実

241

昇

671

卓

569

拓海

657／179

拓真

657／800

拓馬

657／415

拓也

657／682

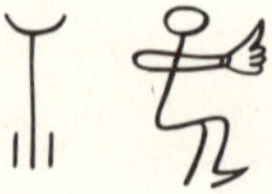

直希

1204／605

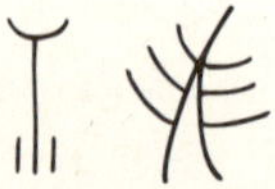

直樹

1204／231

直人

1204／494

直也

1204／682

武

1321

歩

669

明

40

茂

114

和輝

737／40

和彦

737／498

和夫

737／530

和也

737／682

海人

179／494

海斗

179／931

俊介

566／738

俊之

566／810

昭

40

勇

570

勇斗

570／931

祐介
730／738

祐輝
730／40

洋介
179／738

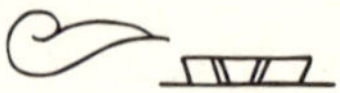
洋平
179／103

亮
40

亮太
40／744

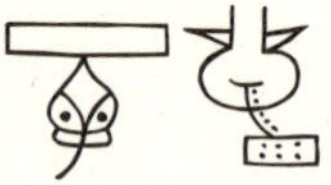
浩志
1208／813

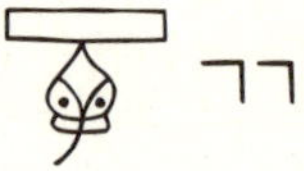
浩二
1208／1229

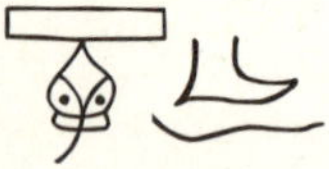
浩之
1208／810

耕司
660／559

航
1178

剛志
1321／813

修
679

将太
569／744

将也
569／682

真
800

真治

800／559

哲哉

561／796

哲平

561／103

隼人

320／494

敏行

1202／810

勉

651

竜一

493／1228

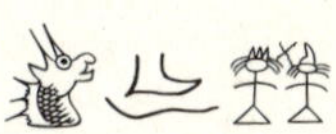

竜之介

493／810／738

竜馬

493／415

竜平

493／103

凌

672

啓介

1041／738

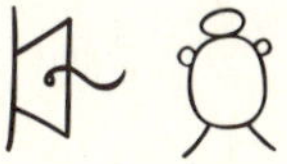

啓太

1041／744

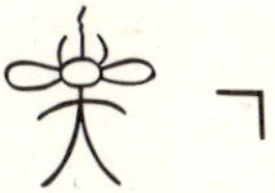

健一

610／1228

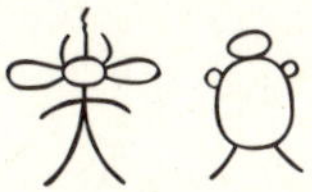

健太

610／744

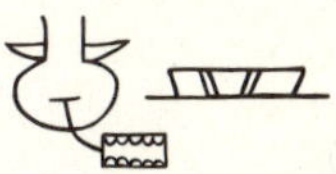

康平

814／103

淳

942

渉

399

進

810

崇

150

清

628

悠人

1170／494

悠馬

1170／415

陸

103

隆

150

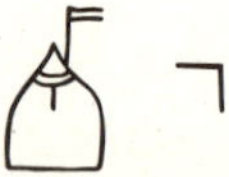

隆一

150／1228

涼

636

涼太

636／744

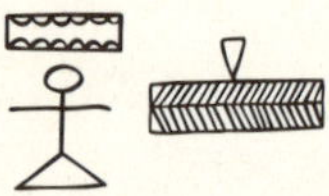

貴紀

572／1090

貴大

572／1194

勤

651

勝

1225＋569

勝利

1225＋569／885

晴紀

37／1090

晴彦

37／498

博

1208

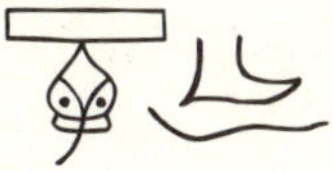

博之

1208／810

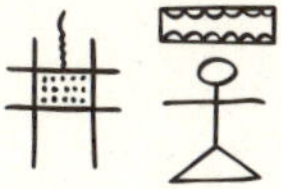

裕貴

906／572

雄太

396／744

雄也

396／682

翔

321

翔太

321／744

翔平

321／103

雅弘

572／1208

雅彦

572／498

雅也

572／682

義雄

1195／396

聖

1306

誠

800

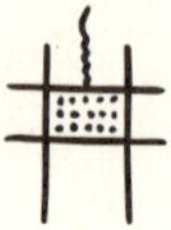

豊

906

稔

241

稜

242

廉

1172

蓮

239＋166

聡

565

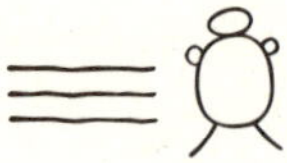

颯太

24／744

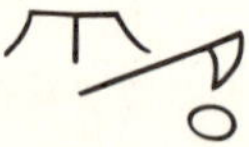

勲

1195＋880

賢也

566／682

徹

997

遼

1170

憲一

884／1228

駿

417

優

239＋769

優輝

239＋769／40

名前（女の子）

優太

239＋769／744

優斗

239＋769／931

翼

325

七海

1234／179

八重子

1235／630／499

久美子

98／1224／499

小百合

822／1238／1214

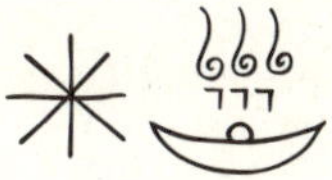

千夏

1239／69

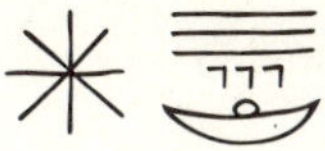

千春

1239／66

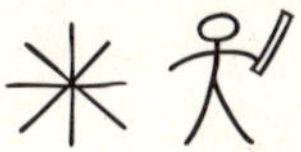

千尋

1239／1131

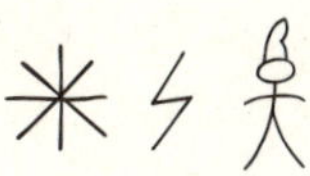

千代子

1239／506／499

千鶴

1239／370

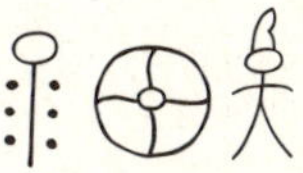

今日子

76／2／499

仁絵

578／837

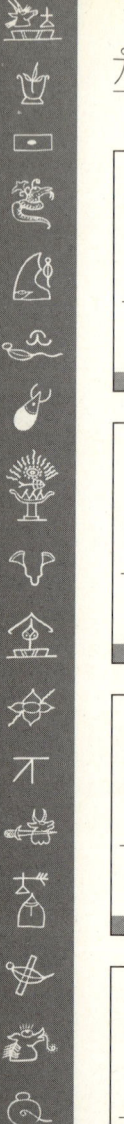

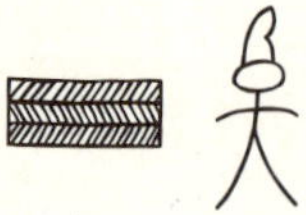

文子

1086／499

友子

579／499

友美

579／1224

加奈子

1215／241／499

玉緒

205／62

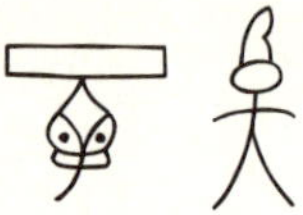

弘子

1208／499

正子

1204／499

未来

76／61+669

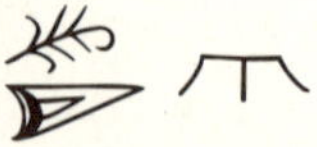

由佳

884／1195

由起恵

884／812／962

由樹

884／231

由美子

884／1224／499

礼子

606／499

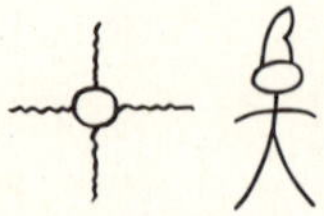

光子

31／499

江理子

177／99／499

成美

887／1224

早紀

1202／1090

多香子

940／1273／499

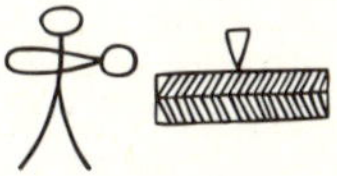

有紀

641／1090

亜希子

519／605／499

亜美

519／1224

杏奈

266／241

君子

593／499

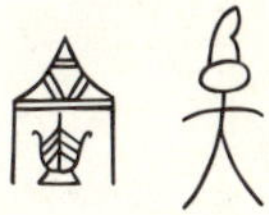

孝子

1012／499

沙織

193／650

沙弥加

193／98／1215

芳子

566／499

利恵

885／962

里菜

1026／312

良子

1225／499

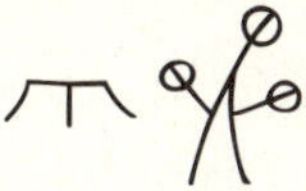

佳奈

1195／241

佳乃

1195／593

京香

139／1273

幸子

741／499

実歩

241／669

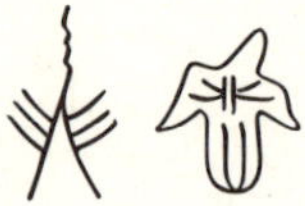

若菜

244／312

尚美

605／1224

知子

579／499

直子

1204／499

直美

1204／1224

典子

1086／499

奈々

241／241

奈美恵

241／1224／962

朋美

579／1224

法子

884／499

明菜

40／312

明日香

40／2／1273

明美

40／1224

弥生

98／609

和子

737／499

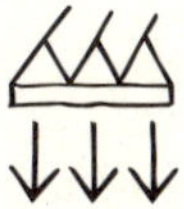

茜

207＋281

栄子

1024／499

紀子

1090／499

香織

1273／650

昭子

40／499

信子

800／499

泉

167

貞子

1204／499

南

223

美羽

1224／326

美紀

1224／1090

美香

1224／1273

美咲

1224／239

美智子

1224／565／499

美穂

1224／301

美優

1224／239+769

美里

1224／1026

美和

1224／737

保奈美

731／241／1224

洋子

179／499

遥

1170

玲奈

205／241

悦子

689／499

恭子

606／499

恵

962

恵美子

962／1224／499

恵理香

962／99／1273

浩子

1208／499

桜

267

紗里奈

843／1026／241

純子

166／499

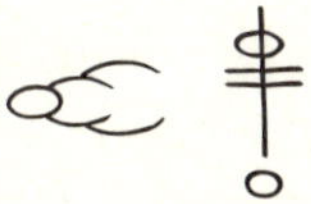

真央

800／224

真紀

800／1090

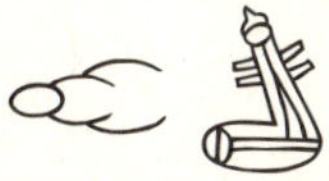

真琴

800／1138

真奈

800／241

真由美

800／884／1224

真里

800／1026

泰子

814／499

桃花

241／239

桃子

241／499

敏子

1202／499

栞

1217

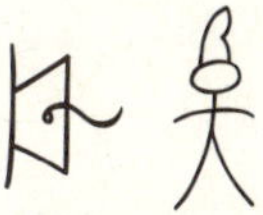

啓子

1041／499

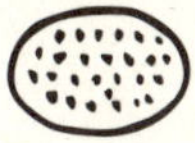

彩

1223

彩花

1223／239

彩乃

1223／593

清子

628／499

萌

244

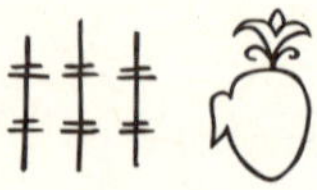

麻美

293／1224

唯

790

理恵

99／962

涼子

636／499

葵

239

絵里

837／1026

貴子

572／499

琴音

1138／789

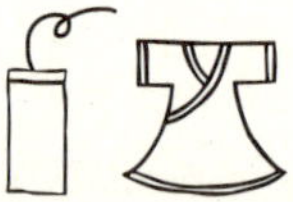

結衣

1154／844

順子

1204／499

勝子

1225＋569／499

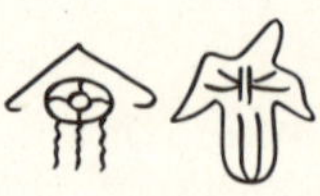

晴菜

37／312

智子

566／499

智美

566／1224

朝香

49／1273

博美

1208／1224

満里奈

1216／1026／241

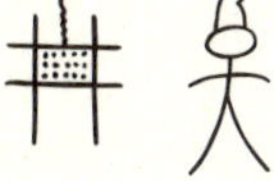

裕子

906／499

裕美

906／1224

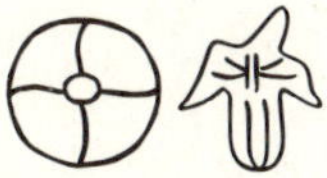

陽菜

2／312

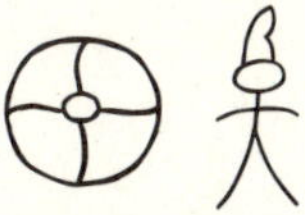

陽子

2／499

愛

735

愛子

735／499

愛美

735／1224

愛梨

735／241

雅子

572／499

寛子

1208／499

詩織

686／650

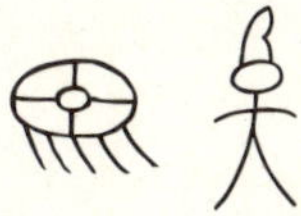

照子

41／499

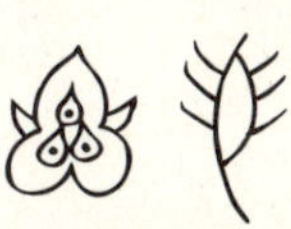

瑞穂

205／301

私、リカ。あなたはだあれ？

聖子

1306／499

節子

783／499

楓

207＋231

綾香

843／1273

静香

83／1273

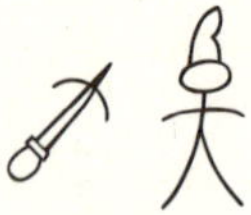

徹子

997／499

舞

639

凜

1198

優花

239＋769／239

優香

239＋769／1273

麗奈

1224／241

3

ハチ公に集合！

トンパで友だちに集合をかけよう！

トンパ文字を使って、待ち合わせ場所を指定しちゃおう。たとえば

これでみんなが「ハチ公に集合！」するというわけ。まちがって （109）に行かないようにね。

「ハチ公」像はもちろんトンパにはないので、 は「犬」、 は「八」を意味するトンパ文字を組み合わせて作ってみたよ。そして は「集合」のこと。

トンパ文字で住所を書くと、こんな感じになるよ。

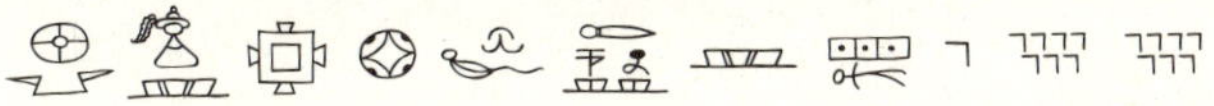

は「東」、 は「都（京）」、 は「街」、 は「品物」や「宝物」、 は「川」（トンパでは は「水」を表す）、 は「境界」、 は「地面（平地）」、 は「塚（や墓）」で、すなわち「東京都品川区平塚1の7の7」。

は「トンパ」、 「書く（文字）」、 は「遊ぶ」、 は「集まる」。つまり「トンパであそぼう会」。

これで、トンパで名刺も作れちゃう！
でも、ハガキの宛名に使うと迷子になっちゃうから気をつけてね。

北海道

222／179／1165

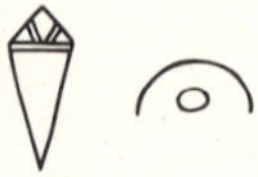

札幌

1263／1209

青森

200／232

岩手

155／760

盛岡

656／144

宮城

1059／1058

仙台

1306／1054

秋田

72／105

山形

142／883

福島

741／142＋179

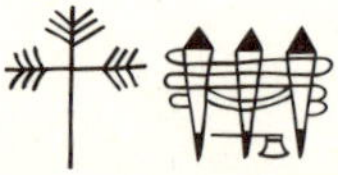

茨城

243／1058

水戸

166／1040

栃木

262／231

宇都宮

1／1053／1059

群馬

1216／415

前橋

62／1173

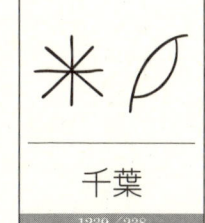

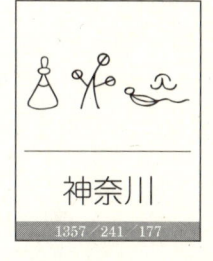

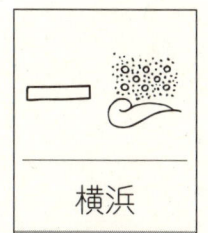

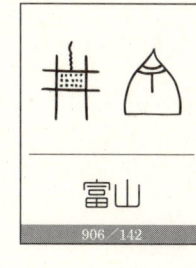

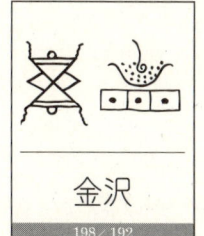

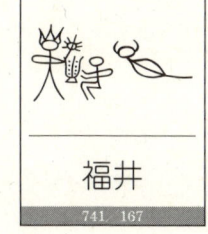

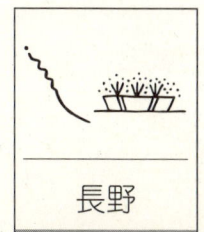

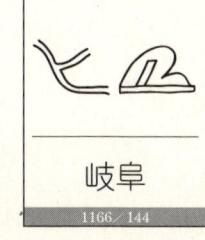

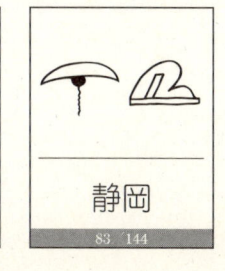

埼玉

155＋179／205

千葉

1239／238

東京

220／139

神奈川

1357／241／177

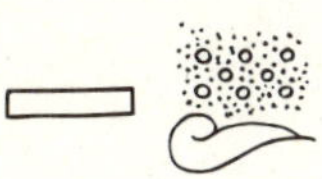

横浜

1049／193＋179

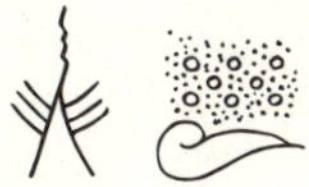

新潟

244／193＋179

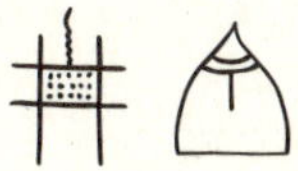

富山

906／142

石川

194／177

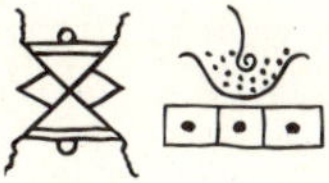

金沢

198／192

福井

741／167

山梨

142／241

甲府

848／905

長野

831／114

岐阜

1166／144

静岡

83／144

愛知

735／579

名古屋

797／98／1007

三重

1230／630

津

1180

滋賀

114／961

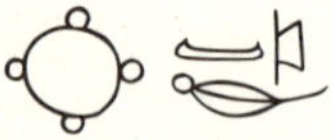

大津

1194／1180

京都

139／1053

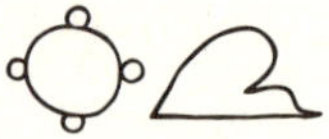

大阪

1194／143

兵庫

571／905

神戸

1357／1040

奈良

241／1195

和歌山

737／684／142

鳥取

320／643

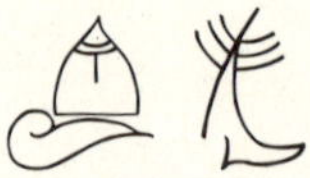

島根

142+179／237

松江

252／177

岡山

144／142

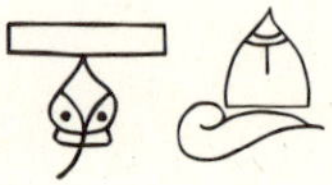

広島

1208／142+179

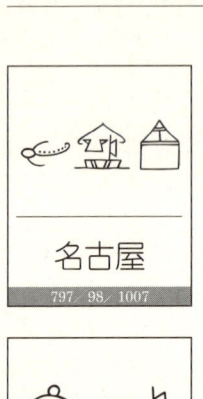

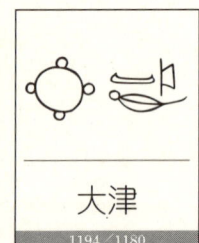

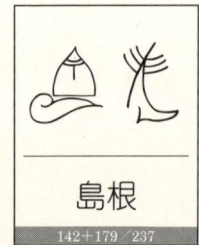

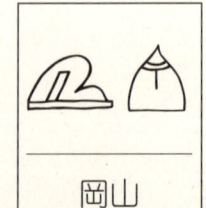

山口

142／751

徳島

1306／142＋179

香川

1273／177

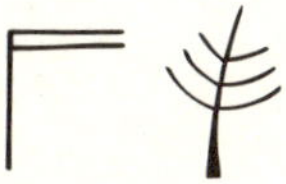

高松

1192／252

愛媛

735／499

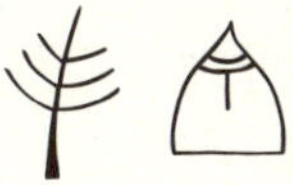

松山

252／142

高知

1192／579

福岡

741／144

佐賀

730／961

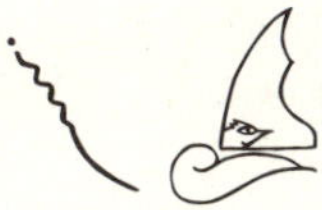

長崎

831／155＋179

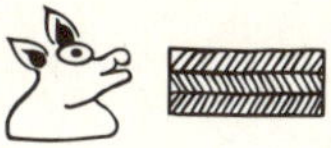

熊本

431／1086

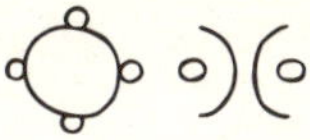

大分

1194／1213

宮崎

1059／155＋179

鹿児島

442／511／142＋179

沖縄

179／1148

那覇

940／569

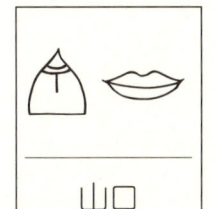

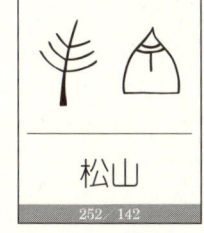

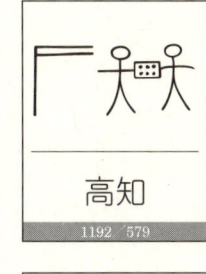

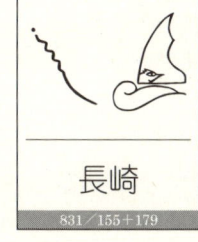

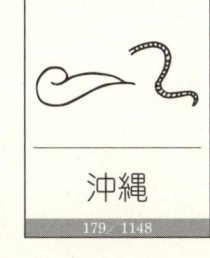

ハチ公に集合！

渋谷

804／153

ハチ公

412＋1235

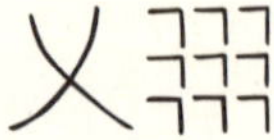

109

1237＋1236

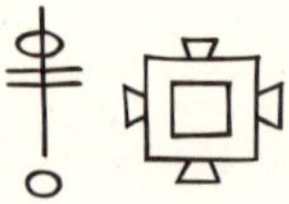

センター街

224／1053

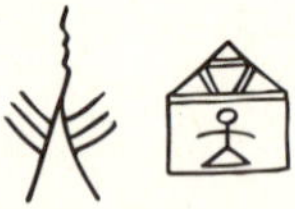

新宿

244／600

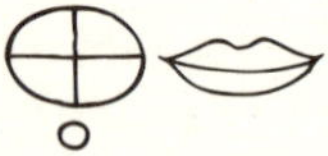

西口

221／751

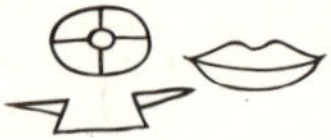

東口

220／751

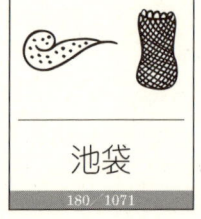

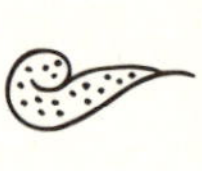

池袋

180／1071

銀の鈴

196／1146

銀座

196／598

お台場

1061／103

上野

225／114

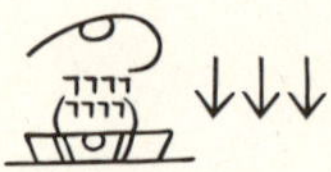

浅草

61＋109／281

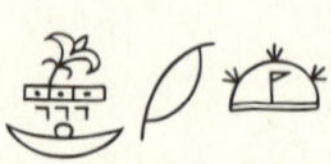

秋葉原

72／238／145

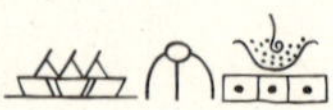

下北沢

226／222／192

原宿

145／600

4 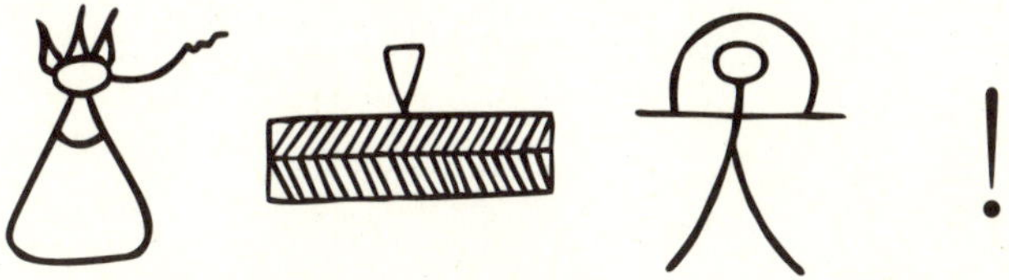

トンパであそぼう！

よく使う文字はこれだ！

ここでは、主なトンパ文字をジャンル別にまとめて紹介しています。

これまでに紹介した例文や名前・地名のリストのなかで使われていないトンパ文字もたくさん掲載しているので、ぜひ参考にしてくださいね。

トンパ文字が使われているナシ（納西）族の文化は、現在の日本文化とは大きく違うため、日本語にはあってもトンパ文字にはない言葉や表現があります。また、トンパ文字は漢字のように、1つの文字にいくつかの意味を含ませていることもあります。そんなときは、今までの例文を参考にして、いくつかの文字を組み合わせて、日本語にあった文字を作り出してみてね。

数字

一
1228

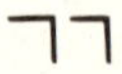
二
1229

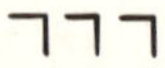
三
1230

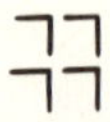
四
1231

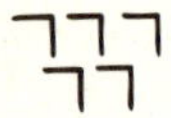
五
1232

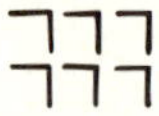
六
1233

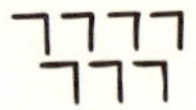
七
1234

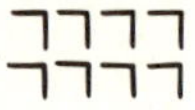
八
1235

九
1236

十
1237

百
1238

千
1239

万
1240

億（アヒル）
364

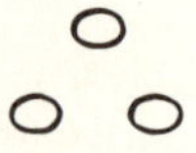
兆（星）
4

無数・無限
1241

二十五
1243

一万六千
1244

はじめ
62

おわり
63

一つ・片方
1242

暦

一月
85

二月
86

三月
87

四月
88

五月
89

六月
90

七月
91

八月
92

九月
93

十月
94

十一月
95

十二月
96

季節

春
66

春
65

夏
69

夏
68

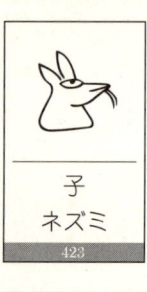

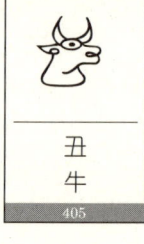

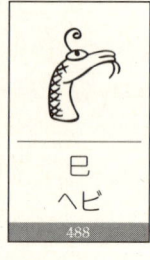

秋
72

秋
71

冬
75

冬
74

十二支

子
ネズミ
423

丑
牛
405

寅
トラ
424

卯
ウサギ
448

辰
龍
493

巳
ヘビ
488

午
馬
415

未
羊
409

申
サル
454

酉
ニワトリ
342

戌
犬
412

亥
イノシシ
440

時間

日の出
52

朝
49

正午
80

昼
79

午後
81

日没
53

夜
82

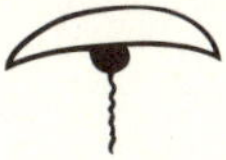
夜中
83

時間
76

天文

天
1

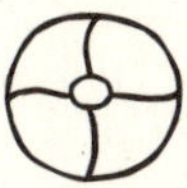
太陽
2

月
3

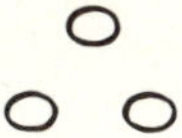
星
4

明るい
40

日光
41

月光
47

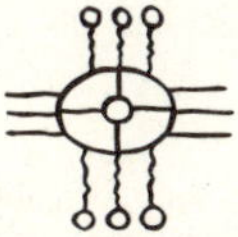
夕焼け
43

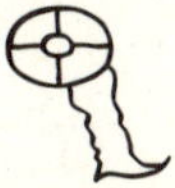
夕日
44

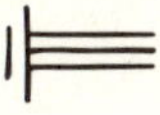
空気
27

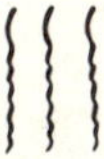
蒸気
28

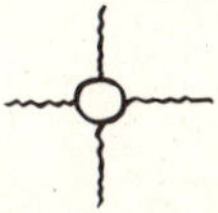
光
31

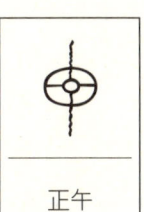

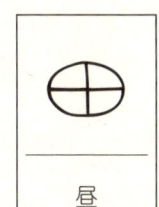

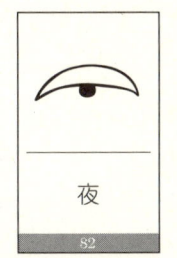

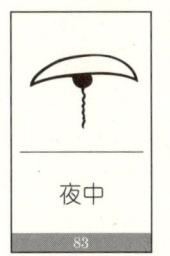

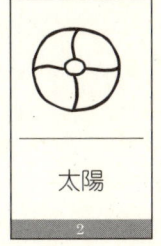

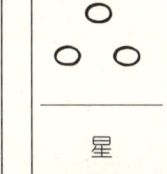

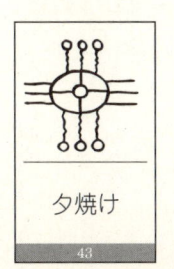

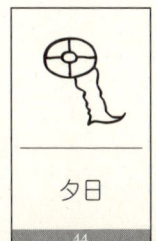

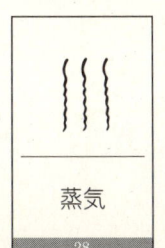

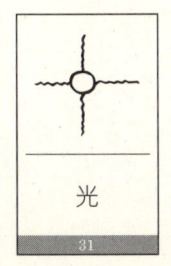

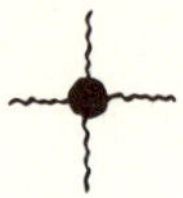

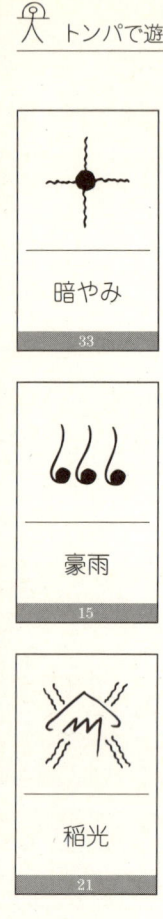

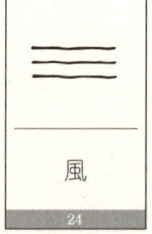

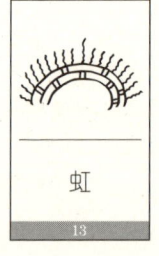

暗やみ

33

天気

晴れ

37

曇り

38

雨

67

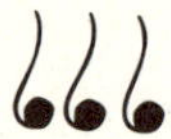

豪雨

15

雪

18

霜

19

霧

12

雹

17

稲光

21

落雷

23

風

24

竜巻

26

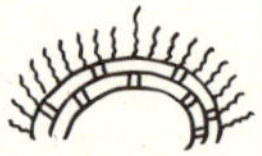

虹

13

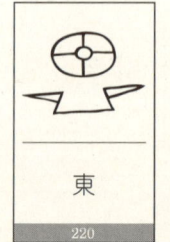

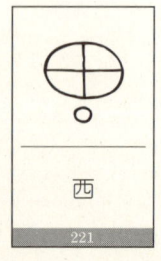

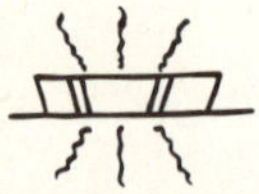

地震

112

方向

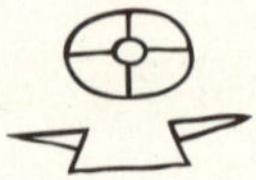

東

220

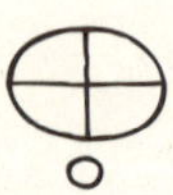

西

221

南

223

北

222

上

225

下

226

左

227

右

228

内

229

外

230

中間

224

自然

海

179

川

177

波

175

池

180

谷

153

氷

176

水

166

温泉

169

泡

174

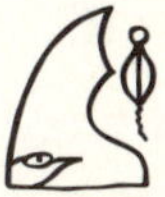

滝

172

山

142

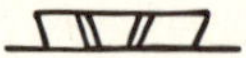
地
103

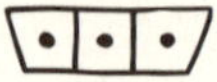
土
189

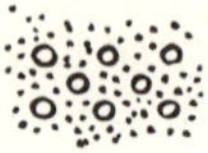
砂
193

田畑
105

丘
144

坂
143

石
194

岩
155

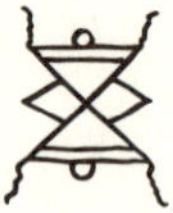
金
198

銀
196

銅
202

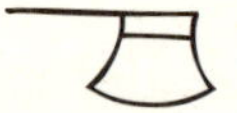
鉄
203

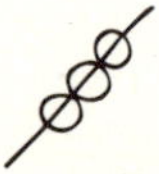
真珠
201

宝石
205

火
207

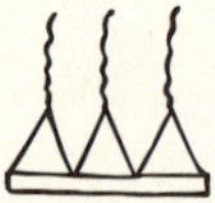
けむり
209

草
281

木
231

花
239

森
232

根

237

葉

238

実

241

動物

オス

396

メス

397

猫

441

ブタ

421

ライオン

428

象

429

熊

431

タヌキ

438

キツネ

434

オオカミ

437

シカ

442

リス

453

鳥

320

鳴く

323

鳩

347

カラス

350

スズメ

360

鴨

366

アヒル

364

チョウ

467

トンボ

470

セミ

471

アリ

475

魚

480

貝

486

カエル

487

人間

人

494

男

498

女

499

祖父

500

祖母

501

父

507

母

508

孫（男）

511

孫（女）

512

ひ孫（男）
513

ひ孫（女）
514

赤ちゃん
230

兄
515

弟
516

姉
518

妹
519

おじ
521

おば
522

甥
523

姪
524

しゅうと
525

しゅうとめ
526

婿
527

嫁
528

親戚
539

いとこ（男）
540

いとこ（女）
541

主人
543

客
542

王・社長
558

役人・上司
559

臣下・部下
564

金持ち
572

貧乏人
573

泥棒
576

勇者
ヒーロー
570

ライバル
575

おろかもの
638

友達
カップル
578

知り合い
579

呪術師
1308

トンパ
1306

人称

私
591

私たち
595

私たち
592

あなた
593

あなたたち
594

彼
596

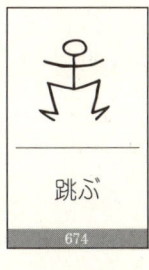

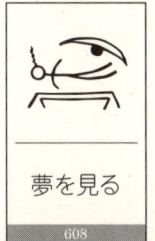

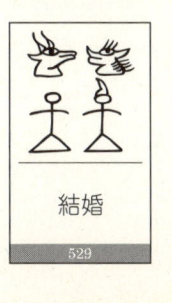

動作

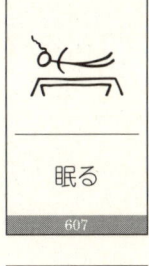

立つ
597

立つ
603

座る
599

座る
598

歩く
669

走る
670

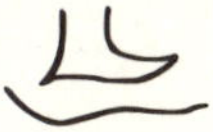
行く
810

登る
671

降りる
673

またぐ
672

跳ぶ
674

転ぶ
618

隠れる
624

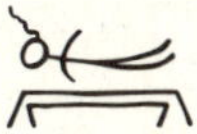
眠る
607

夢を見る
608

目覚める
812

結婚
529

結婚
742

夫婦
531

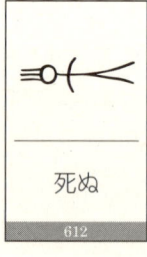

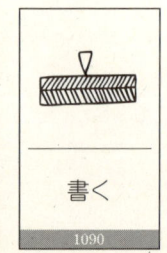

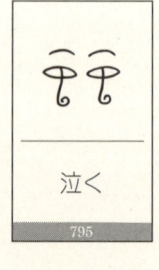

夫婦

532

セックス

711

家族

544

家庭

545

妊娠

714

出産

715

抱く

731

加護・守る

723

元気

610

長寿

609

病気

611

死ぬ

612

おばけ・鬼

1332

見る

791

読む

793

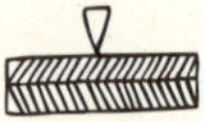

書く

1090

目を閉じる

794

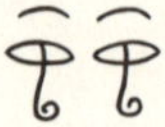

泣く

795

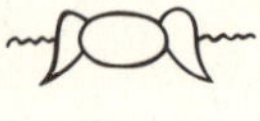

聞く

789

言う

682

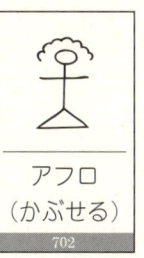

踊る

639

叫ぶ

683

笑う

685

呼ぶ

797

悪口をいう

798

歌う

684

デュエット

737

アフロ
（かぶせる）

702

ロック
（頭を振る）

703

フォーク
（おさげ）

704

ラップ
（ののしる）

705

働く
～する

880

働く
～する

651

なまける
サボる

637

掃除をする

628

遊ぶ

622

デート

740

楽しむ

739

もてなす

925

タバコを吸う

697

お酒を飲む
695

お茶を飲む
696

水を飲む
801

食べる
692

甘い
803

苦い
804

噛む
799

吐く
700

満腹
693

空腹
694

大便
717

小便
716

持つ
729

持つ
644

つかむ
807

置く
1227

踏む
808

背負う
630

かぶる
632

着る
633

引く
ひっぱる
728

引く
ひっぱる
666

押す
730

押す
1210

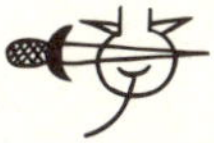
刺す
1121

切る
1120

洗う
679

塗る
681

捨てる
627

拾う
643

売る
647

買う
646

もらう
642

あげる
プレゼント
962

編む
編み物
1156

シャンプー
680

エステ
722

日に当たる
日焼け
45

釣り
912

占い
1304

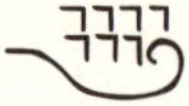

招待する

1214

集合

724

口喧嘩（男）

725

口喧嘩（女）

733

喧嘩

726

奪い合い

727

ける

732

殺す

734

相談する
会議

738

人体

腰

745

頭

746

顔

747

耳

748

眼

749

片目

790

眉

750

口

751

鼻

752

歯

753

舌
756

鬚
757

髪の毛
758

首
759

手
760

脚
765

足
766

心臓
ハート
769

胃袋
774

へそ
773

腸
776

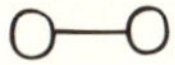
骨
780

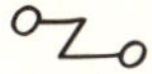
骨折
781

肉
785

血
787

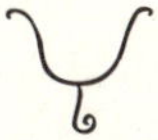
乳房
788

感情

愛
735

恋
736

頼む
605

祈る
606

思う
考える
813

安心する
814

ひどく悲しむ
815

悲しむ
817

心を痛める
816

悩む
818

悪意
819

驚く
620

驚く
820

状態

美しい
1224

太る
744

良い
1195

良い
1225

悪い
1196

大きい
1194

大きい
397

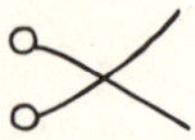
小さい
822

太い
250

細い

251

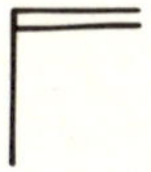

高い

1192

低い

1193

熱い

1197

寒い
冷たい

1198

寒い
冷たい

636

満ちる
いっぱい

1216

満ちる
いっぱい

940

あふれる

941

増える

1215

分ける

1213

速い

1202

遅い

1203

広い

1208

まっすぐ

1204

曲がる

1206

丸い

1207

変化

710

運

939

不吉

811

苦しい

963

否定
(…ではない)

61

色

赤（火）

207

青・緑
（トルコ石）

200

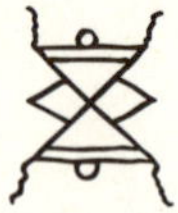

金・黄色

198

銀

196

白

1218

黒

1084

透明（水）

166

中間色
マーブル

1223

ファッション

服

844

革の服

845

羊毛の服
セーター

847

ズボン

849

スカート

852

帽子

853

スカーフ

862

ベルト

864

靴

866

ブーツ

867

耳飾り

873

耳飾り

871

腕輪

874

指輪

875

真珠

201

鏡

876

櫛

877

口紅

805

リュック

1069

袋・バッグ

1071

生活

なべ

919

お椀

938

コップ

945

ごはん

959

酒

974

茶

976

薬

978

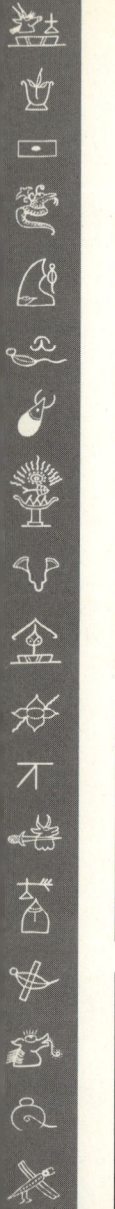

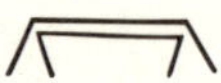

ベッド

1060

テーブル

1061

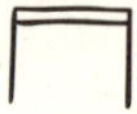

いす

1062

書物・本

1086

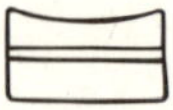

紙

1082

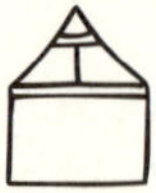

家

1007

ビル

1010

お城
豪華な家

1059

火事

1019

引っ越し

740

住む

600

街

1053

村

1026

都会

139

道

1165

交差点

1172

車

1188

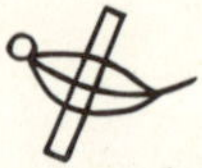

橋

1173

港

1180

舟
(ボート)

1176

おわりに

トンパ文字を楽しむコツはつかめましたか？

テレビに出ている芸能人の名前がすぐにトンパ文字に翻訳できたり、歩いている人の姿が丸と線に見えてきたら、あなたはもう立派なトンパです！

トンパ文字のおもしろさは、文字のひとつひとつがとてもかわいらしくて、だれでも簡単に書けるところにあると思います。そして最大のポイントは、トンパ文字をいくつか並べてみると、ちゃんと意味のある文章として使えるということです。

気に入ったトンパ文字が見つかったら、自分のイメージキャラクターに使ってみてはいかが？　新しいコミュニケーションの手段として、暗号のように友達とやりとりするのも楽しいでしょう。トンパ文字は、ダジャレから愛の告白まで、あなたの生活をアシストします。トンパ文字を使えば、あなたの気持ちもきっと届くはず！

福を受ける

『トンパ!!』では、トンパ文字の歴史的な背景や、実際にどのように使われていたのか、ということにはあえて触れず、「トンパ文字を使って気軽にあそぶ」ことだけに徹底的にこだわってみました。
トンパ文字やナシ族についてちゃんと知りたい！　という人は、書店や図書館の歴史や民族学のコーナーを探してみてね。

今回、紹介している文章や文字の解釈はほんの一例。これからは、あなたも自由な発想でいろんな文字を組みあわせて、楽しいトンパを作ってみて！

「トンパであそぼう会」では、すてきなトンパの文章を募集しています。
はさみ込みのアンケートはがきに、あなたの考えたユニークな作品を書いて送ってね。たくさんのご応募、お待ちしています!!

『トンパ!!』の最新情報をインターネットで公開しているよ。ぜひアクセスしてみてね！

トンパ!!のWEBサイトのURL

http://www.chokanji.com/tompa/

トンパ!!のi-modeサイトのURL

http://www.chokanji.com/tompa/i/

2001年夏
トンパであそぼう会

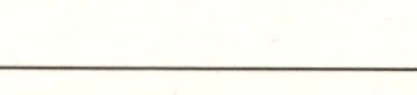

パソコンでもトンパを使おう！

いまパソコンを持っている、またはこれからパソコンを買おうと思っているトンパ好きのあなたに、とっておきの情報を教えちゃいましょう。

じつは、この本で人名や地名リストの文字の下に書かれていた数字は、パソコン用ソフト「超漢字トンパ書体」のトンパ書体番号なんです*。

パソコン用のOS（基本ソフト）「超漢字3」に「超漢字トンパ書体」をインストールすると、ワープロやお絵かきソフトを使って、自由自在にトンパ文字を使うことができるんです。トンパ文字の入力も簡単！　かな漢字変換と同じように、トンパ文字にも変換可能。名刺やグリーティングカード、オリジナルのトンパグッズも、パソコンで楽しく作れます。

「超漢字メール」を使えば「超漢字トンパ書体」を持っている友達同士で、電子メールの交換もできちゃう。さらに、トンパ文字を使ったホームページは「超漢字ウェブコンバータ」「超漢字ウェブサーバ」におまかせ！　簡単な操作で、あっというまにトンパサイトのできあがり。

「超漢字トンパ書体」には、「超漢字3」用のトンパスクリーンセーバー、トンパ壁紙、そのほかトンパの便利なツールが盛りだくさん！

あなたのデジタルライフをもっと楽しくする「超漢字トンパ書体」の詳しい情報はインターネットで公開しています。

超漢字のWEBサイト　http://www.chokanji.com/

または

お問い合わせ先：パーソナルメディア株式会社
TEL　03-5702-7858／FAX　03-5702-7857／E-mail　sales@personal-media.co.jp

＊「超漢字トンパ書体」製品中の「トンパ文字一覧表」「トンパ文字データベース」に対応した番号です。

夢を見る

トンパ!!

2001年9月10日　初版1刷発行

編者　トンパであそぼう会

発行　パーソナルメディア株式会社

〒142-0051 東京都品川区平塚1-7-7 MYビル
TEL　03-5702-0502
FAX　03-5702-0364
振替　00140-6-105703
E-mail pub@personal-media.co.jp

印刷・製本　日経印刷株式会社

ISBN4-89362-187-4 C0076

超漢字トンパ書体が使える

超漢字3

「超漢字3」は日本で生まれたBTRON《ビートロン》仕様のパソコン用OS。
その動作は軽快かつ安定。起動時間もごくわずかです。
付属のワープロや表計算ソフトなどで、最新漢字研究の成果である「GT書体フォント」、「大漢和辞典」収録文字、iモード絵文字など、世界の文字合計171,500文字を自由自在に利用できます。

※「超漢字3」には専用のOSを含んでいます。Windowsの動くDOS/Vパソコンへインストールしてご利用いただけます。

※Macintosh用には「Macで超漢字」をご利用ください。

※「超漢字トンパ書体」、「超漢字メール」、「超漢字3」、「Macで超漢字」の詳細情報については、以下までお問い合わせください。またホームページでも情報をご提供しております。

超漢字関連製品に関するお問い合わせ先

TEL:03-5702-7858／FAX:03-5702-7857／sales@personal-media.co.jp
http://www.chokanji.com/

はじめてみよう超漢字　ファーストステップ

CD-ROM付き

坂村健 監修／PMC研究所 編
本体価格 1,800円
ISBN4-89362-184-X

「超漢字3」を徹底図解！！　紙面どおりに操作すれば、超漢字が自然と使いこなせるようになる超漢字シリーズ初の公式入門書。

パーソナルメディア株式会社

〒142-0051 東京都品川区平塚1-7-7 MYビル
TEL：03-5702-0502／FAX：03-5702-0364
http://www.personal-media.co.jp／E-mail　pub@personal-media.co.jp

※「超漢字3」、「はじめてみよう超漢字」は全国の書店でお求めになれます。